NÉGOCIATIONS

MONSEIGNEUR L'ÉVÊQUE D'ALGER

ET ABD EL QADER,

POUR

L'ÉCHANGE DES PRISONNIERS;

TEXTE

PAR ADRIEN BERBRUGGER,

l'un des Délégués de Monseigneur.

A PARIS,

CHEZ J. DELAHAYE, ÉDITEUR,

RUE HAUTEFEUILLE, 16.

1844

1843

CATALOGUE.

IMPRIMERIE DONDEY-DUPRÉ,
rue St-Louis, 46, au Marais.

Lorsqu'une fausse philosophie renouvelle chaque jour ses attaques contre la religion, qu'elle censure ses dogmes et tourne en ridicule ses cérémonïes et ses fêtes ; lorsque les ministres du Dieu vivant sont dévoués par elle à la calomnie de ses ignorants prosélytes ; lorsqu'enfin elle interprète suivant ses passions haineuses les devoirs et les actes du clergé catholique ; la réponse la plus mesurée, la plus forte qu'il convient de faire à tant de mensonges, c'est l'exposition de faits authentiques et irrécusables, de faits récents dont chacun puisse constater la vérité et apprécier les résultats.

Deux actes d'une haute importance religieuse ont eu lieu en Algérie ; l'échange des prisonniers négocié et amené à bonne fin, par les soins de monseigneur l'évêque d'Alger, au milieu des fureurs de la guerre, et le retour des reliques de saint Augustin dans l'église d'Hippone, siége de son pontificat.

Si MM. les membres du clergé et les âmes pieuses daignent accueillir ce premier récit, nous nous empresserons de leur offrir celui où sept évêques français, accompagnant les reliques du *saint*, les ont réinstallées, au milieu d'un immense concours de peuple, aux lieux où si longtemps s'étaient fait entendre les paroles du grand pontife (1).

(1) Les musulmans, à l'aspect du cortége et sur tout son passage, montraient plus de respect que bien des gens en France n'en témoignent dans nos églises ; plusieurs Arabes assistèrent à la cérémonie avec un grand recueillement.

Deux vignettes illustrent cet opuscule, l'une : *pouvoir de la religion* ; l'autre, *actions de grâces* rendues à l'Éternel dans l'église de Boufariq.

Pour les personnes qui le désirent, nous avons extrait de notre grand ouvrage sur l'Algérie, deux dessins formant tableaux (de dix-sept pouces sur douze) représentant, l'un le *rachat* des captifs par les pères de la Merci, l'autre *l'entrevue* de monseigneur d'Alger et de Mohhammed Ben Hamlân, pour l'exécution du traité d'échange des prisonniers.

Ces grands dessins, d'après les croquis de M. Coppin, récemment arrivé d'Alger, ont été exécutés avec soin par MM. Bayot et Bour, artistes que leur talent recommande suffisamment. Ils ne se vendent séparément qu'aux acquéreurs de notre livre sur les *négociations*.

L'ÉDITEUR,

J. DELAHAYE,

16, rue Hautefeuille.

Paris, ce 15 décembre 1843.

P. S. Un grand nombre de MM. les ecclésiastiques nous ayant accordé leur confiance pour l'achat des livres, ornements, etc., dont ils ont besoin, nous continuerons de les faire jouir d'une remise de 10 p. 0/0 sur les prix énoncés aux catalogues, et ils pourront ne nous rembourser le prix des achats qu'après bonne réception.

On est prié d'affranchir.

Gatti del et lith.
Lith. d'Auguste Bry, rue du Bac. 134.

ÉCHANGE DE PRISONNIERS

EN ALGÉRIE.

Échange de prisonniers ! c'était, depuis bien des siècles, la première fois que de telles paroles résonnaient sur la terre africaine. Jusqu'alors on n'y avait entendu, par rapport aux malheureux chrétiens qui tombaient au pouvoir des pirates, que ces mots affreux : *esclavage, rachat.*

Combien sont touchants les récits de l'histoire lorsqu'elle retrace les efforts et la bravoure des chevaliers de Malte pour réprimer et anéantir la piraterie ; le sublime dévouement des religieux, pères de la Merci, qui, chaque année, parcouraient à pied les états de la chrétienté, afin d'y recueillir les aumônes de la charité, qui s'imposaient à eux-mêmes les plus cruelles privations pour ne pas diminuer les sommes d'argent dont le dépôt sacré leur était confié, et s'empressaient de les porter à Alger, à Tunis, à Maroc ! Dans chacune de ces villes, plaçant leurs personnes et les trésors qu'ils apportaient sous la protection de nos consuls, ils visitaient les bagnes, les lieux de travail, les campagnes les plus éloignées ; ils s'informaient avec le plus grand soin des noms, de l'âge, de la force, de l'état de santé, de la famille de chaque esclave, enfin du prix qui serait mis à sa liberté. Ils formaient de cette réunion de renseignements un véritable rôle pour délivrer d'abord les vieillards et les malades qui auraient pu succomber avant un nouveau voyage des libérateurs, et ceux qui avaient laissé en Europe une famille que l'absence d'un père, d'un époux ou d'un fils réduisait à la misère ; ils prodiguaient les encouragements, les consolations à ceux qui étaient plus susceptibles d'attendre parce qu'ils étaient plus forts ou avaient une santé plus robuste. Plus d'une fois on vit des esclaves désignés pour le rachat indiquer eux-mêmes aux bons pères des camarades plus malheureux, avec prière de les choisir de préférence. D'autres, appartenant à des familles aisées, ne sollicitaient pas la pitié des religieux, et se bornaient à leur remettre des lettres pour leurs parents d'Europe, qu'ils invitaient à charger l'ordre de la Merci de leur prochaine délivrance et à lui en fournir les moyens.

Rien n'était capable d'arrêter le zèle des bons pères ; injures, menaces, mauvais traitements, ils les supportaient avec la plus admirable résignation ; forcés de marchander les captifs, ils en offraient le moindre prix possible, pour en obtenir un plus grand nombre, et lorsque enfin les listes de rachat étaient arrêtées, lorsqu'ils n'avaient pas même conservé les frais du retour, ils empruntaient, et quelques-uns sollicitèrent avec ardeur, et obtinrent comme une grâce, dont ils demeuraient reconnaissants, la faveur de prendre les fers, et de se mettre à la place d'un infortuné que, faute d'argent, ils n'eussent pu délivrer.

Les chevaliers de Malte, les religieux de la Merci, n'existent plus ; mais la religion demeure toujours la même : invariable dans sa sagesse infinie, elle poursuit son œuvre de charité, et quand les hommes ont détruit les agents par lesquels elle opérait, elle sait en susciter de nouveaux pour atteindre le but qu'elle s'est proposé.

Les événements de la guerre en Algérie avaient fait tomber en nos mains un certain nombre d'ennemis que nous traitions avec bonté ; plusieurs avaient été relâchés dans l'espérance que leurs chefs useraient de réciprocité ou au moins adouciraient le sort des Français qu'ils avaient faits prisonniers. Cet espoir fut longtemps déçu, et les Arabes continuaient de mettre à mort ceux des nôtres qui avaient le malheur de tomber en leurs mains ; ils coupaient et emportaient avec eux les têtes de nos guerriers morts au champ d'honneur, ou qu'ils tuaient de sang-froid après les avoir pris ; il en était de même de nos colons et de tous les Français qu'ils pouvaient surprendre.

Abd el Qader, cependant, entreprit plus tard de mettre fin à cette boucherie, et le plus grand nombre des Arabes qui firent des prisonniers leur laissèrent la vie. Dès lors on songea à la possibilité des échanges : mais la politique avait des ménagements à garder ; il ne fallait pas que l'ennemi prît pour de la faiblesse toute démarche de notre part tendant à cette fin, et qui ne pouvait être regardée que comme un acte d'humanité. La religion, comme toujours, vint au secours du malheur ; elle inspira l'un de nos pontifes, et monseigneur l'évêque d'Alger, après s'être entendu avec M. le général Bugeaud, gouverneur, qui mit à sa disposition tous les prisonniers que nous avions faits, eut la satisfaction de mener à bien cette œuvre difficile, sans que rien pût arrêter son zèle ni le courage et la constance des personnes qui furent chargées de cette honorable mission.

Nous donnons ici le récit du voyage de nos négociateurs et de la conclusion de cet échange.

« On se rappelle encore en Algérie l'audacieux coup de main exécuté le 4 octobre 1840, par les Hadjouths, sur la diligence de Douera, qui fut attaquée entre ce village et celui de Deli Ibrahim, à la hauteur du poste de la Borne. Parmi les personnes tombées en cette circonstance néfaste au pouvoir des pirates de la plaine, se trouvait M. Massot, sous-intendant militaire, qui allait à Alger afin d'assister au repas d'adieu offert par ses collègues à l'intendant en chef de l'armée, M. Verdun, alors sur le point de rentrer en France. Le ruban de la Légion d'honneur placé à la boutonnière de M. Massot fit croire d'abord aux Arabes, prompts à se monter l'imagination, qu'ils venaient de prendre tout au moins un général. L'erreur fut reconnue plus tard, mais il n'en demeura pas moins constant que la capture était importante, puisque jusqu'alors on n'avait presque jamais enlevé que de pauvres colons surpris dans leurs travaux agricoles, ou de malheureux soldats restés en arrière des colonnes. Quelques jours après ce triste événement, madame Massot arrivait à Toulon, et on peut juger du désespoir de cette dame lorsqu'elle sut que son mari, qu'elle allait chercher si loin, était tombé entre les mains des Arabes.

» Monseigneur l'évêque d'Alger, qui ne laisse jamais échapper l'occasion de venir au secours du malheur, avait déjà fait, avec l'autorisation de M. le maréchal Vallée, quelques tentatives auprès de l'émir afin d'obtenir la liberté du jeune Pelletier, enlevé précédemment dans les environs de Deli Ibrahim; il les renouvela en y comprenant M. Massot. Abd el Qader était déjà fatigué de la guerre qu'il avait conduite avec tant d'ardeur l'année précédente ; il vit dans cette ouverture un moyen d'entamer des négociations qui pourraient conduire à autre chose qu'un échange, et il se hâta de répondre que le captif dont on demandait la délivrance n'était pas le seul qui gémît dans les fers ; que si on ne s'était pas occupé des autres, parce que c'étaient des gens d'une condition inférieure, il ne pensait pas, quant à lui, que leur malheur dût inspirer moins de sympathie. Il offrait, disait-il, de rendre immédiatement M. Massot, auquel on paraissait attacher tant d'importance ; mais il proposa en même temps de prendre des mesures pour l'échange des autres prisonniers, et annonçait qu'un de ses khalifs, Cid Mohammed Ben Allad oulid Cid Embarak, bey de Milianah, avait ses pleins pouvoirs à cet égard. L'affaire n'eut pas alors d'autre suite, parce que le mode de procéder indiqué par l'émir aurait obligé l'autorité française d'intervenir officiellement dans la transaction, et que M. le maréchal ne voulut pas autoriser les Arabes à croire que nous eussions la moindre intention de traiter.

» Cependant le désir de rendre à la liberté quelques centaines de nos compatriotes retenus dans une dure captivité par les Arabes, décida M. le général Bugeaud, successeur de M. le maréchal Vallée, à adopter une marche qui conciliait parfaitement l'humanité et la politique. Il mit à la disposition de monseigneur l'évêque d'Alger tous les prisonniers musulmans qui étaient entre nos mains, et autorisa ce prélat à reprendre, en son nom personnel, la négociation relative à l'échange. De la sorte, le gouvernement restait, ostensiblement du moins, en dehors de tout ce qui pourrait se conclure, et c'était une affaire toute religieuse entre deux hommes pieux, entre le marabouth Abd el Qader et M. Dupuch, chef spirituel des chrétiens de l'Algérie. Un Maure d'Alger, nommé *Krimô* (1), que de fréquents voyages dans l'intérieur, et notamment chez les Hadjouths, rendaient un utile intermédiaire, se chargea de porter la correspondance, et de mettre en rapport avec les indigènes les commissaires français qui seraient nommés pour l'échange.

» Le 29 mars 1841, la nouvelle négociation était arrivée à son point de maturité : un *aman*, ou sauf-conduit, avait été expédié par le bey de Milianah, et les quatre personnes désignées par monseigneur Dupuch ou par le gouverneur pour terminer tout ce qui avait rapport à l'échange, se mettaient en route vers l'heure de midi. C'étaient MM. l'abbé G. Italter; de Franclieu, propriétaire ; Berbrugger, membre correspondant de l'Institut et de la commission scientifique d'Algérie ; Toustain Dumanoir, interprète de l'administration du domaine. Krimô les accompagnait.

» En passant par les villages de Deli Ibrahim et de Douéra, dont les habitants comptaient un bon nombre des leurs enlevés par les Arabes depuis la reprise des hostilités, la petite caravane dont on vient de parler fut plus d'une fois arrêtée par les parents ou amis des captifs. Nous n'essayerons pas de décrire les scènes touchantes qui eurent lieu à diverses reprises ; nous parlerons seulement d'un de ces infortunés qui pleurait à la fois son petit-fils et sa mère. Il ne devait plus revoir cette dernière, femme de plus de soixante-dix ans ; car nous apprîmes plus tard qu'elle avait été tuée et laissée dans les broussailles par

(1) Abréviation familière du nom propre *Abd el Kerim*, lequel signifie *esclave du miséricordieux*.

les Hadjouths, parce que son grand âge ne lui permettait pas de les suivre dans la rapidité de leur course.

» La commission rencontra sur la route le 24e de ligne, à la tête duquel marchait monseigneur le duc d'Aumale ; ce régiment allait à Blidah, pour concourir au ravitaillement prochain de Médéah. Comme les fabricants de nouvelles de la place du gouvernement avaient déjà répandu le bruit que l'échange des prisonniers n'était qu'une transition pour arriver à une négociation d'une autre nature, les braves du 24e, qui avaient à demander compte aux Arabes du guet-apens de *Wed el Euloq*, ne durent pas voir avec plaisir des envoyés qu'ils croyaient appelés à leur enlever l'occasion d'une juste vengeance. Ce sentiment nous fut exprimé plus d'une fois par des militaires qui se disposaient à exécuter une opération bien différente de la nôtre, opération qui devait, ainsi qu'on le verra plus tard, compliquer étrangement les difficultés et les périls d'une négociation conduite dans une contrée fort éloignée d'Alger, dans l'effervescence des antipathies nationales et religieuses des indigènes.

» A minuit, nous étions arrivés à Blidah, où M. le colonel Bedeau, commandant supérieur de cette ville, nous offrit l'hospitalité dans son salon. Nous nous étendîmes tous sur une natte qui recouvrait le plancher, la plupart d'entre nous faisant ainsi l'apprentissage de la rude vie de bivouac que nous allions mener pendant quatorze jours. Notre digne hôte n'avait lui-même pour tout coucher qu'un étroit matelas, et l'heure était trop avancée pour songer à faire un appel aux faibles ressources locales. Cette impossibilité n'était pas fort agréable pour des voyageurs qui avaient eu juste le temps de se munir de leurs burnous.

» Nous étions partis d'Alger avec tant de précipitation que nous n'avions pas eu le temps de nous enquérir de toutes les circonstances qui pouvaient influer sur notre mission, ni de réfléchir sur celles qui nous étaient déjà connues. Ainsi, examen fait de l'aman ou sauf-conduit, pièce sur laquelle reposaient toutes nos espérances de sécurité, il se trouva qu'il n'y était question que d'un *général* et d'un *commandant d'artillerie*. Il n'y avait donc à la rigueur que deux personnes de nommées, et encore l'étaient-elles sous des désignations inexactes ; car le général ne pouvait être que M. l'abbé G. Italter, *secrétaire général* de monseigneur l'évêque, et le commandant d'artillerie, M. de Franclieu, ancien officier de cette arme, et commandant de la milice africaine, deux titres divers que le khodjah du bey avait fondus en un seul. Ces erreurs étaient-elles involontaires, ou bien était-ce le fruit d'un calcul, le résultat d'une intention secrète de se ménager un prétexte à chicanes ? Dans tous les cas, il restait deux des commissaires, MM. Berbrugger et Toustain Dumanoir, qui ne figuraient en aucune manière sur l'*aman*, et dont la sécurité allait être entièrement abandonnée à la bonne foi indigène. Dans le moment où nous nous livrions à cet examen, le commandant supérieur de Blidah prit à part l'auteur de cette notice, et lui demanda s'il connaissait bien toute la gravité des circonstances dans lesquelles la commission allait se trouver. Des proclamations avaient été lancées tout récemment dans les tribus qobaïles : elles étaient conçues dans les termes les plus énergiques et mettaient en quelque sorte Abd el Qader hors la loi. En outre, une expédition devait sortir, sous deux jours, pour ravitailler Médéah, et cette opération amènerait nécessairement des hostilités pendant lesquelles le caractère sacré d'ambassadeur pourrait fort bien ne pas être respecté. Ces considérations, que beaucoup d'autres personnes nous mirent également sous les yeux, étaient sérieuses sans doute et donnaient matière à réflexion ; mais nous avions accepté une mission honorable dont la réussite devait rendre à la liberté et au bonheur un grand nombre de nos compatriotes, et, avec cet espoir en vue, nous ne pouvions songer à reculer au moment de l'exécution.

» Dans la matinée du mardi 30 mars, les quatre commissaires chargés de négocier l'échange des prisonniers se présentaient au blockhaus du *Wed el Kebir*, et l'officier du 17° léger qui y commandait, leur disait, après avoir examiné l'autorisation de franchir les avant-postes : *Messieurs, la plaine est ouverte devant vous.* Il perçait dans le ton avec lequel ces paroles furent prononcées, et dans l'étonnement que manifestaient les soldats, un fâcheux pressentiment qui s'accordait bien avec tout ce qu'on nous avait dit à Blidah. Comme nous nous mettions en mouvement pour continuer notre chemin, toute la garnison du block-haus monta sur l'épaulement de la redoute avec l'empressement de gens qui s'attendent à éprouver les émotions de quelque scène tragique.

» Nous descendîmes dans la Mitidja sous la conduite de notre guide Krimô, et nous avions déjà marché pendant vingt minutes sans rien apercevoir, lorsque tout à coup, de derrière un massif de figuiers sortirent une trentaine de cavaliers au galop. En un clin d'œil nous fûmes cernés par les Hadjouths, car c'était leur avant-poste, et au même moment de points différents de l'horizon d'autres accoururent avec le même empressement. Un de ces cavaliers portait à la main une veste d'infanterie légère appartenant peut-être à quelque malheureux soldat qu'on venait de décapiter. Cette vue nous attrista tous profondément, et nous rappela d'une manière pénible la nécessité où nous allions être de vivre amicalement avec ces bourreaux de nos frères.

» Si on se reporte aux impressions sous l'empire desquelles nous avions quitté Blidah, on concevra tout ce qu'un pareil moment avait de solennel. Il faut ajouter que la façon quelque peu brutale dont ces messieurs nous abordèrent n'était pas de nature à nous rassurer beaucoup. Ainsi, un des cavaliers appliqua le canon de son fusil sur la poitrine de l'un de nous, en lui demandant d'exhiber l'*aman.* Il est juste de dire que ce procédé farouche ayant été connu plus tard par le qaïd de la tribu, valut à celui qui s'en était rendu coupable une cinquantaine de coups de bâton appliqués en conscience. A la manière dont le cavalier en question examinait notre sauf-conduit (il le tenait à l'envers), il ne nous fut pas difficile de comprendre qu'il était entièrement étranger à l'art de la lecture. Lorsqu'il l'eut regardé assez longtemps pour qu'il nous fût possible de croire qu'il l'avait lu, il nous le rendit avec l'air satisfait d'un gendarme qui vient de reconnaître qu'un passe-port est bien en règle.

» Le chef de cette bande étant enfin arrivé, son premier soin fut d'éloigner la cohue qui nous entourait, nous importunant par des demandes de tabac à fumer et surtout de tabac à priser. Il restait seulement auprès de lui quatre cavaliers destinés à nous escorter jusque chez le qaïd. Nous nous remîmes en route avec ces messieurs ; et, de cet endroit à la Chiffa, il ne nous arriva rien de digne de remarque, si ce n'est que de temps en temps des individus isolés ou des groupes d'Arabes accouraient pour nous examiner de plus près ; mais le chef ne leur laissait pas le loisir de satisfaire leur curiosité, et lorsqu'ils arrivaient à portée de la voix, il leur enjoignait impérieusement de se retirer, ordre auquel ils ne manquaient jamais de se conformer avec un empressement respectueux. Après avoir traversé la Chiffa, nous trouvâmes de beaux et nombreux troupeaux, parmi lesquels nous remarquâmes une assez grande quantité de bœufs dont les longues cornes trahissaient l'origine sicilienne. On se doute bien de quelle manière ces animaux avaient passé des parcs de l'administration dans les pâturages des Hadjouths. Nous vîmes quelques fermes ruinées d'où les habitants nous regardaient furtivement par les créneaux que le temps ou la main de nos soldats avaient ouverts en plusieurs endroits des murailles.

» Vers cinq heures du soir nous arrivâmes à *Hhaouche el Qaïd* (ferme du qaïd). Bien que ce nom semble supposer l'existence de quelques constructions, nous ne vîmes là que des tentes en poil de chèvre, et plusieurs de ces chaumières qu'on appelle ici *gourbi*. On nous désigna un *guitoun* (tente) où nous nous étendîmes sur un tapis, pendant qu'on attachait nos chevaux par les pieds de devant à une longue corde placée à quelques pas et en face de la porte de notre demeure temporaire. Le café nous fut immédiatement servi ; et presque aussitôt on nous apporta une collation composée de gâteaux au miel, de raisins secs, de dattes, etc.

» Entre ce repas et le dîner, qu'on nous annonçait devoir suivre de près, nous fîmes une petite promenade dans les environs du douar. Celui-ci est situé dans une espèce d'impasse fermée au nord par le Sahhel, qui est en cet endroit assez abrupte et fort boisé ; à l'est par le Wed Djer et le bois des Khareras ; à l'ouest par le lac Halloulah, au-dessus duquel s'élève le célèbre monument connu sous le nom de *Kebour Rou-miah*, tombeau de la Chrétienne ou de la Romaine ; c'est le *monumentum commune regiœ gentis* dont parle le géographe *Pomponius Mela*. Son nom actuel lui vint peut-être de ce que la dernière personne qu'on y ait enterré est Cléopâtre, femme de Ptolémée, de ce roi fainéant qui termine la liste des *reges inservientes* qu'il plut aux Romains de laisser régner sous leur patronage en Mauritanie. En face du douar, dans la direction du sud, on apercevait un grand contrefort derrière lequel le défilé du Wed Djer serpente entre les montagnes des Soumata et celles des Beni Menad. Nous fûmes détournés tout à coup de cet examen topographique par un incident assez bizarre : à la vue d'un fort joli mulet qui paissait tranquillement l'herbe naissante à quelques pas de nous, M. de Franclieu, un des commissaires, s'écria involontairement : *Eh ! mais c'est mon petit pistolet !* Nous cherchions à deviner le sens de cette exclamation, lorsqu'un Hadjouth qui nous avait suivis répondit en souriant : *Oui, star loui.* — C'est peut-être toi qui me l'as volé, ajouta le propriétaire, qui venait de reconnaître une de ses bêtes de somme dans le mulet en question. — *Oui, moi chapar*, continua l'autre interlocuteur avec l'air de satisfaction d'un homme qui a la conscience d'avoir fait un bon tour. Cette énigme fut expliquée pour nous quand nous apprîmes que plusieurs mois auparavant une voiture appartenant à M. de Franclieu et attelée de deux belles mules françaises, ainsi que d'un mulet arabe, avait été arrêtée, un soir, par les Hadjouths auprès de Deli

Ibrahim, et que les trois bêtes de somme avaient été enlevées par les voleurs, lesquels fort heureusement n'aperçurent pas le charretier blotti prudemment sous la voiture elle-même. En dépit du proverbe qui prétend qu'on prend son bien où on le trouve, M. de Franclieu dut laisser le sien aux mains de ceux qui le lui avaient enlevé si brutalement.

» C'était, du reste, la journée des reconnaissances : stimulé par la découverte qu'il venait de faire, M. de Franclieu, qui, plusieurs jours avant notre départ, avait été poursuivi un soir à l'embranchement des routes de Deli Ibrahim et de Staouëli par sept cavaliers, M. de Franclieu demanda au voleur de mules si par hasard ceux qui l'avaient serré de si près n'étaient pas aussi des Hadjouths. — Sans doute, répondit notre homme ; ils sont ici tous les sept ; et je vais les faire venir. En effet, ces messieurs arrivèrent un instant après, et parurent charmés de faire plus ample connaissance avec une personne qu'ils auraient décapitée de bon cœur, quelques jours plus tôt, s'ils avaient pu l'atteindre. Un seul, grand gaillard, à la mine patibulaire, laissa percer sur sa physionomie une expression remarquable de mauvaise humeur. C'était celui qui avait suivi M. de Franclieu de plus près, et qui avait eu le plus de chances d'attraper l'excellent cheval qui avait si bien tiré son maître d'embarras. Aussi ne pouvait-il détacher ses yeux du noble animal, qu'il pouvait alors examiner au grand jour. Après l'avoir bien détaillé, il ne put supprimer cette exclamation douloureuse : *Kg'sseur Aliya!* ce que le compagnon de Robert Macaire aurait traduit par : *Je suis volé !*

» Nous fûmes rappelés dans notre tente par un copieux et excellent dîner arabe que nos hôtes venaient de nous servir. Le couscoussou national en formait le principal élément ; et ceux d'entre nous qui usaient pour la première fois de l'hospitalité indigène éprouvèrent quelque embarras à se tirer convenablement d'un repas pris sans table, sans fourchette et sans serviette. Le lait aigre et le lait doux qu'on nous donna pour boisson étaient d'une si bonne qualité que nous ne nous aperçûmes presque pas de l'absence de vin. Pendant que nous faisions honneur de tout notre pouvoir à la cuisine du qaïd, une dizaine d'Arabes, dont les vêtements en lambeaux attestaient suffisamment qu'ils appartenaient à la classe des *faqir* (les pauvres), se tenaient à l'entrée de la tente, et suivaient tous nos mouvements avec un intérêt, une sorte d'inquiétude dont le motif ne tarda pas à s'expliquer. Le couscoussou est un mets tellement nourrissant, surtout pour ceux qui n'y sont pas habitués, qu'il nous fut impossible de faire une grande brèche à celui qu'on nous avait servi, d'autant plus qu'il était d'un volume considérable. Nous n'eûmes pas plus tôt abandonné le plat, que celui-ci fut enlevé et placé devant les spectateurs, dont les regards avides semblaient nous reprocher chaque bouchée que nous avions prise ; et ces pauvres diables employèrent beaucoup moins de temps à expédier les trois quarts que nous laissions que nous n'en avions mis à manger le premier.

» On vint ensuite nous avertir que le qaïd était disposé à nous recevoir ; nous fûmes introduits auprès de lui par *Ci el Djelali*, son *chaouche*, fonctionnaire qui cumule les attributions d'huissier, de bourreau et d'officier d'ordonnance. Nous trouvâmes le qaïd assis à la façon orientale dans une tente fort simple ouverte par-devant. Il avait un de ses secrétaires de chaque côté, et son *oukil* ou intendant était auprès d'eux. Après une multitude de compliments réciproques, et des questions mutuelles sur l'état de nos santés, nous lui présentâmes la lettre de monseigneur, ainsi que le sauf-conduit du bey de Milianah. Nous profitâmes de cette occasion pour lui faire remarquer l'erreur bizarre par suite de laquelle cette pièce ne parlait que d'un général et d'un commandant d'artillerie ; mais comme il ne parut point disposé à entrer en explication à cet égard, nous n'insistâmes pas davantage. Le qaïd, qui s'appelle *Cid Ali ben Embarak*, est petit-fils du célèbre *Cid Embarak*, mort il y a trois ans, et jadis chef de la célèbre famille des marabouths de Qoleah. En sa qualité d'homme religieux, il prit un grand intérêt aux détails que nous lui donnâmes sur l'évêque. Il nous

parut qu'il n'avait pas des idées bien justes sur les fonctions
épiscopales; et que, vivant chez un peuple où le marabouth
exerce une influence aussi temporelle que spirituelle, il imaginait qu'il en était de même parmi nous. Il croyait que monseigneur Dupuch pouvait conclure la paix aussi facilement
qu'il avait pu négocier l'échange des prisonniers, et nous
eûmes quelque peine à lui faire comprendre que le prêtre chez
nous ne possède qu'une puissance morale et demeure étranger
aux affaires politiques.

» *Cid Ali* s'excusa beaucoup de n'avoir à nous donner
qu'une hospitalité bien incomplète pour des gens habitués aux
jouissances et aux commodités des villes. « Les Arabes ne pos-
sèdent qu'un cheval, un fusil, une tente et du lait aigre, nous
dit-il, et ils ne peuvent offrir que ces deux dernières choses à
leurs amis. » En somme, le qaïd des Hadjouths fut très-aimable
dans cette première entrevue; le lendemain, lorsque nous
prîmes congé de lui, il nous parut moins expansif, un peu
froid même; ce que nous attribuâmes à l'oubli, involontaire de
notre part, d'une formalité essentielle. Pressés par le temps,
nous n'avions pas apporté de cadeaux pour ce chef, non plus
que pour les autres qu'il nous restait à visiter; or les Arabes,
qui sont très-attachés à tous leurs usages, tiennent surtout à
celui-ci.

» Le 31, avant le point du jour, après avoir pris congé du
qaïd, nous nous disposions à partir, lorsque nous nous aperçûmes qu'on ne passe pas impunément la nuit chez les
Hadjouths, et que les habitudes de rapine contractées par ces
messieurs s'étendent même jusque sur leurs hôtes. Un cheval
qui la veille était protégé par une couverture contre la fraîcheur
des nuits, se trouva le matin dans un état de nudité complète;
un autre avait été dépouillé d'un surfaix neuf que le voleur
avait remplacé par une corde grossière en sparterie. Aux premières plaintes la couverture se retrouva, comme par enchante-
ment; mais le surfaix ne reparaissant pas avec la même
rapidité, il fallut bien s'adresser à l'autorité compétente. Le

chaouche une fois informé du fait se mit aussitôt en quête; et au bout de quelques minutes il rapporta l'objet volé. Ces deux soustractions ont sans doute produit quelques coups de bâton à ceux qui s'en étaient rendus coupables; aussi, lorsque plus tard nous revînmes coucher dans le même endroit, nous n'eûmes point à signaler la moindre atteinte à notre propriété.

» Nous quittâmes le douar vers cinq heures du matin, escortés par six cavaliers que commandait *El Djelali*, ce même chaouche à qui nous devions les restitutions dont on a parlé tout à l'heure. Nous traversâmes toute la plaine du nord au sud pour aller gagner l'entrée du défilé par lequel le Wed Djer débouche dans la Mitidjah; nous ne trouvâmes sur notre route qu'un très-petit nombre de ces chaumières qu'on appelle *gourbi* et quelques tentes, la population des Hadjouths habitant principalement au sommet et au pied du Sahhel, autour du tombeau de la Chrétienne, ou bien sur les premiers contreforts de l'Atlas, qui sont en face. A peine entrés dans la gorge où coule la rivière, nous trouvâmes qu'à la nudité complète de la plaine succédait, presque sans aucune transition, une véritable abondance de grands végétaux, parmi lesquels l'olivier sauvage domine. On remarque aussi quelques bouquets de très-beaux trembles et des buissons fort épais de lentisques, de genêts épineux et de chênes verts. Le chemin, très-frayé, est généralement bon; il ondule légèrement dans la vaste coupure où serpente le Wed Djer; et la seule difficulté qu'il présente, difficulté qui doit être grande en hiver, c'est qu'il faut traverser la rivière quatorze fois, parce que, à des distances très-courtes, les eaux se portent à droite ou à gauche du défilé, baignant alors le pied de montagnes tranchées à pic. Il y a donc fréquemment nécessité de passer d'une rive à l'autre.

» A considérer dans son ensemble ce passage curieux, dont la direction générale est nord-ouest, on trouve qu'il se compose d'une certaine quantité de bassins ovales ayant chacun une direction particulière, et séparés l'un de l'autre par des étranglements où sont des gués ou bien de petits cols. Les montagnes qui bordent le défilé à droite et à gauche ne sont point continues par leurs crêtes ; elles forment une suite de monts isolés par des ravins profonds à pentes escarpées qui viennent aboutir à la vallée principale. On conçoit tout ce qu'une pareille route, défendue par une armée aguerrie que dirigeraient des chefs intelligents, présenterait d'obstacles à un ennemi qui voudrait la parcourir, car elle résume toutes les difficultés que le terrain peut opposer : passages fréquents de rivière, et pays très-boisé, bordé de montagnes dont on ne peut couronner les crêtes.

» Nous rencontrâmes dans ce défilé un grand nombre de caravanes de toute espèce de bêtes de somme, parmi lesquelles il y avait beaucoup de chameaux ; elles transportaient des charges d'orge ou de blé destinées sans doute à approvisionner les Hadjouths. Cette tribu, dans la prévision des opérations militaires qui pourraient avoir lieu sur son territoire vers l'époque des récoltes, n'a cultivé que très-peu de terrain. Nous avons observé la même précaution dans la vallée du Chélif, où des espaces considérables qui paraissent avoir été cultivés l'année dernière (1840) ont été laissés en friche. La crainte de fournir un aliment aux dévastations probables de nos colonnes a forcé Abd el Qader à pratiquer le système des tribus du sud de l'Algérie. Celles-ci ensemencent en commun des terrains très-éloignés de celui qu'elles habitent, et, autant que possible, hors de la portée des camps que l'émir envoie tous les ans pour percevoir l'impôt.

» En traversant un petit col de la vallée du Wed Djer, nous aperçûmes à droite de la route une grande cabane dans laquelle se tenaient une vingtaine de Qobaïles, tous armés de fusils et de yathagans. Ils arrêtèrent sans trop de façon le chaouche qui nous conduisait, et lui demandèrent si nous étions les Chrétiens qui venaient pour l'*affaire*. Nous crûmes d'abord qu'ils voulaient parler de l'affaire des prisonniers, mais il s'agissait de la paix, qui les intéresse bien autrement, car ils croyaient, comme tous les autres indigènes que nous avons rencontrés, que c'était là le but principal de notre mission. Quelques-uns même nous adressèrent des questions à cet égard ; mais nous leur répondîmes que nous portions au bey de Milianah et à l'émir des lettres dont nous ne connaissions pas le contenu ; ils s'imaginèrent que nous faisions de la réserve diplomatique, et n'en demandèrent pas davantage, ne nous cachant pas, du reste, qu'ils étaient convaincus que nous venions en effet pour la paix.

» Le poste dont on vient de parler est fourni par les Soumata et les Beni Menad, dont les montagnes bordent à gauche et à droite le défilé du Wed Djer, et il est établi pour garantir la sûreté d'une route très-favorable aux malfaiteurs, comme on peut s'en convaincre par la description que nous en avons donnée. Nous vîmes ici, par la manière toute courtoise dont nos cavaliers se conduisirent avec les Qobaïles, que si ces derniers reconnaissent Abd el Qader, ils n'entendent pas moins pour cela rester maîtres chez eux. Quand plus loin nous arrivâmes chez des Arabes, nos Hadjouths n'y mirent pas de façons, ainsi que nous aurons occasion de le raconter.

» Enfin, nous passâmes le Wed Djer pour la quatorzième et dernière fois ! Après avoir gravi le flanc d'un énorme mamelon qui resserre la vallée en cet endroit, et avoir donné un coup d'œil au joli marabouth qui le surmonte et qui est dédié à Cidi Abd el Qader, nous débouchâmes dans le pays du Bouhhalouan. Ici l'aspect du terrain change brusquement. Les arbres et les buissons disparaissent, et la végétation ne consiste qu'en une multitude extraordinaire d'artichauts et d'oignons sauvages croissant dans une herbe très-courte. Sur la droite s'élève la masse imposante, sombre et rugueuse du *Djebel Zakar* ; à gauche les montagnes nues à formes arrondies du Gontas. Nous dépassâmes le fort de Bouhhalouan, qui n'est plus qu'un amas de ruines, parmi lesquelles on remarque des matériaux de constructions romaines, et nous nous arrêtâmes auprès du confluent du Wed Djer et du Wed Beni Youcef. Nous cherchâmes un abri contre les rayons du soleil, sous quelques rares et chétifs tamarisques qui croissaient au bord de la rivière ; et nous déjeunâmes en toute hâte, car nous voulions arriver ce jour même à Zarour, qui était encore fort éloigné de là. Nos guides, pour suppléer à l'exiguité de notre repas, eurent la politesse de nous offrir de magnifiques oranges qu'ils venaient d'acheter à des Arabes ; elles étaient aussi grosses et d'aussi bonne qualité que les meilleures de Blidah. Bien qu'on nous eût dit que ces fruits croissaient dans le pays même que nous parcourions alors, pays où la vue, aussi loin qu'elle peut s'étendre, ne découvre pas un seul arbre, il nous parut probable qu'elles avaient été cueillies clandestinement dans les beaux jardins qui environnent Milianah.

» Notre déjeuner frugal terminé, nous continuâmes de suivre la vallée du Wed Beni Youcef ; à un gué de cette rivière et dans un endroit où ses bords sont très-escarpés, nous trouvâmes un poste de huit Arabes qui adressèrent à nos guides, au sujet de notre mission, les mêmes questions qui avaient été posées par les Qobaïles du Wed Djer. Au delà de ce passage, le chaouche nous quitta un instant pour aller conférer avec des Arabes qui étaient à quelque distance de la route ; à la suite de cette conversation, on décida que nous quitterions la grand'route pour nous engager dans le Gontas, que nous commençâmes à gravir par un côté très-rapide. Parvenus à peu près à mi-côte, El Djelali nous fit arrêter sur une rampe, et nous dit que, dans l'impossibilité d'arriver le jour même à Zarour, il nous faudrait coucher dans cet endroit. Nous examinions tristement ce lieu sans bois, sans eau et sans traces d'habitation, qu'on nous signalait pour étape, lorsqu'à force d'attention nous aperçûmes dans un rentrant de la montagne cinq tentes dont nous ne pouvions apprécier l'intérieur, mais qui semblaient devoir nous offrir une bien maigre hospitalité, à en juger par l'aspect misérable d'une vingtaine d'Arabes déguenillés et de mauvaise mine qui s'avançaient vers nous, et qui en étaient sans doute les habitants. On nous fit arrêter à quelque distance de ce douar, et nous crûmes d'abord que c'était pour donner aux femmes le temps de se cacher. Mais nous nous trompions grandement dans nos conjectures ; en effet, un mouvement extraordinaire ne tarda pas à se manifester dans quatre des cinq tentes en question, et nous aperçûmes bientôt des femmes et des enfants qui transportaient des tapis, des nattes et autres pièces du mobilier indigène, à une tente un peu éloignée des autres. Quand celle-ci fut suffisamment garnie, on nous invita à y entrer, et nous vîmes que, grâce aux emprunts faits à nos voisins, on nous avait composé un domicile assez confortable, eu égard à la localité. Toute cette opération avait été conduite avec une hauteur, un sans-façon de la part de nos guides, une humilité et un empressement de la part des Arabes du douar, qui nous prouvaient suffisamment que nous n'étions plus en pays de Qobaïles. Les éternelles questions sur la paix se reproduisirent ici, et nous nous en débarrassâmes par les mêmes fins de non-recevoir. C'est sans doute à l'extrême désir que ces pauvres diables éprouvaient de voir finir la guerre que nous avons dû d'être fort bien accueillis par eux, malgré notre qualité de chrétiens ; car ils eurent pour nous des égards et des prévenances tout à fait spontanés et sans que notre escorte eût besoin de les stimuler sous ce rapport.

» Notre caravane, y compris les Hadjouths, se composait de quatorze personnes, plus un nombre égal de montures. C'était donc une hospitalité assez onéreuse pour les Arabes que celle qu'on exigeait pour nous. Le chef du douar, dont le costume sale et déguenillé ne nous aurait guère laissé deviner la position sociale, se mit en devoir de répartir les charges entre les habitants, et d'indiquer à chacun ce qu'il devait fournir. Or, nos guides demandaient beaucoup, pour nous faire honneur, disaient-ils, mais aussi un peu dans la pensée qu'appelés à partager notre position, il était de leur intérêt de rendre celle-ci aussi avantageuse que possible. En somme, nous trouvâmes, après avoir mangé un fort bon couscoussou, quelques galettes feuilletées et du fromage blanc fort passable, le tout arrosé d'un excellent leben (lait aigre), que nous étions beaucoup mieux traités que nous n'aurions osé l'espérer à l'aspect misérable de cette localité et de ceux qui l'habitent.

» En examinant les environs de notre demeure provisoire, nous aperçûmes au-dessus du douar où nous étions descendus quelques autres groupes de tentes étagées sur des rampes du Gontas, supérieures à celles où nous nous trouvions. Cet endroit s'appelle *Race el Wed*, c'est-à-dire tête ou origine de la rivière, sans doute à cause d'un petit affluent qui sort d'une des gorges du Gontas pour se rendre dans le Wed Adelya, un des affluents du Wed Beni Youcef. Malgré la grande quantité de sources qu'il y a de ce côté, comme le pays est déboisé, il paraît que dans les chaleurs il manque tout à fait d'eau et que les hommes et les animaux sont exposés à mourir de soif. C'est au moins ce que les habitants eux-mêmes nous ont assuré.

» Le 1er avril, nous quittâmes *Race el Wed*, et nous commençâmes à gravir le Gontas pour arriver au col par lequel on descend dans la vallée du Chélif. Nous avions à peine cheminé pendant une demi-heure, qu'on nous fit arrêter devant un autre petit douar placé sur une rampe assez large de la montagne. Les habitants, qui étaient prévenus de notre venue dès la veille, nous conduisirent à une tente tapissée de nattes, et nous servirent un couscoussou qui nous fit regretter la cuisine de nos hôtes du milieu de la montagne. Chaque grain était aussi gros qu'un pois, et tellement dur qu'il fallait l'estomac de nos Hadjouths pour recevoir et digérer un pareil aliment. Aussi la foule des curieux intéressés qui encombraient l'entrée de la tente n'attendit pas longtemps la desserte de notre table, et ils durent être satisfaits des ménagements dont nous avions usé envers cet échantillon indigeste de leur mets national, qu'ils reçurent presque intact de nos mains. L'immense sébile de bois qui contenait le couscoussou en question fut vidée en un clin d'œil par une dizaine d'affamés qui, à force de se presser à l'entour, étaient parvenus à trouver place au banquet. Nous remarquâmes parmi les convives un très-jeune enfant qu'un vieillard tenait devant lui ; malgré son bas âge, il était armé comme les autres d'une énorme cuiller de bois, où il entassait fort adroitement la plus grande quantité possible de couscous-sou. Nous n'aurions jamais cru qu'une bouche d'enfant pût recevoir une semblable cuiller, augmentée de tout ce que celui-ci y faisait tenir ; mais notre petit bonhomme nous prouva par le fait que la chose était praticable. Il est vrai que pour résoudre ce problème gastronomique il se dilatait la bouche et se gonflait les joues au point d'en devenir violet. En général, il est à remarquer que les indigènes ont en même temps une qualité et un défaut qui semblent cependant s'exclure l'un l'autre. Ils sont à la fois d'une sobriété extrême et d'une glou-tonnerie incroyable ; il faut se hâter d'ajouter, pour rendre ceci suffisamment clair, que la première chose a lieu quand ils mangent à leurs frais, et la seconde lorsqu'ils se repaissent aux dépens des autres ; d'où il résulte tout simplement qu'ils sont ou pauvres ou avares, et que leur sobriété si vantée est une facilité et non pas une vertu.

» Nous étions surpris d'abord qu'on ne nous eût pas laissés déjeuner dans le douar où nous avions passé la nuit, et cela pour nous faire prendre ce repas à une demi-heure de là ; mais nos guides nous dirent à ce sujet que c'eût été une charge trop forte pour les Arabes de ce petit douar, de traiter plus long-temps notre nombreuse caravane, et que pour rendre le far-deau plus supportable, ils avaient jugé à propos de le répartir entre deux hameaux. A la manière dont nous les voyions traiter les Arabes, nous pensâmes que s'ils nous avaient fait changer d'auberge, ce n'était pas précisément par sympathie pour nos derniers hôtes, mais tout simplement parce que la brèche déjà faite à leurs faibles provisions n'aurait pas permis que le déjeu-ner du jour fût aussi bon, aussi abondant que le dîner de la veille.

» Après ce court et léger repas, nous remontâmes à cheval, et au bout d'un quart d'heure nous étions arrivés au col du Gontas, où nous trouvâmes un poste de deux hommes. Nous

nous arrêtâmes un instant dans cet endroit pour jouir du magnifique coup d'œil qui s'offrit tout à coup à nos regards. A nos pieds s'étendait une partie de la vallée du Chélif, celle qui est comprise entre les deux grands coudes que forme cette rivière, le premier lorsque, partant d'une source encore inconnue, elle traverse la deuxième chaîne de l'Atlas du Nord; le second quand, après avoir couru est et ouest, elle passe sous le pont bâti par Omar Pacha, où elle prend la direction du Nord-Est au Sud-Ouest et va baigner les mines d'*Oppidum novum*. Les montagnes que nous apercevions au Sud, de l'autre côté de la vallée, nous offraient une suite de crêtes étagées dont la plus éloignée et la plus haute était couverte de neige. Dans cette immense quantité de pics et de sommets, le *Wancerice* attire surtout l'attention, non-seulement parce qu'il domine tout ce qui l'entoure, mais aussi par sa forme particulière, qui rappelle celle du mont Blanc. Il faudrait une longue description pour donner une idée de l'immense étendue de terrain que nous apercevions du col du Gontas : l'horizon du Nord au Sud n'avait pas moins de quarante lieues, et une trentaine de l'Est à l'Ouest. Nous nous détachâmes avec peine de cet aspect réellement admirable, pour suivre nos guides, qui, moins sensibles que nous aux beautés de ce paysage grandiose, nous invitaient à ne pas nous arrêter plus longtemps, si nous voulions arriver de bonne heure à notre destination. A mesure que nous descendions, aux scilles, aux oignons et aux artichauts sauvages se mêlaient quelques arbustes ; et lorsque nous arrivâmes à *Aïn Soulthan*, bassin, dans la construction duquel on reconnaît des matériaux romains, nous commençâmes à trouver quelques arbustes qui ressemblent beaucoup à des jujubiers. C'étaient des *cidrah*, plante que Shaw dit être le *ziziphus sylvestris*. Puis, enfin, vers le pied de la montagne, croissaient une assez grande quantité d'oliviers sauvages. Nous suivîmes ensuite un fort beau chemin dans la vallée du Chélif ; et, après avoir tourné le dernier contre-fort du Gontas du côté de l'Ouest, nous vîmes, sur notre droite, un camp arabe commandé par Bouâlem, aga du bey de Milianah; il nous parut principalement composé de cavalerie. Les chevaux paissaient librement de tous côtés dans les alentours, lorsqu'en nous apercevant, leurs maîtres coururent à eux ; la plupart, sans prendre le temps de les seller ni de les brider, arrivèrent au galop sur notre caravane, à la manière des Numides, *sine frœnis*. Nous-reconnûmes parmi ces curieux plusieurs anciens gendarmes maures ou spahis, un entre autres qui avait été décoré dans nos rangs. Pendant près d'une demi-heure, cette foule ne cessait de s'accroître et commençait à devenir incommode, lorsque leurs chefs, qui causaient avec notre chaouche, probablement sur *l'affaire* dont nous avions été étourdis tout le long du chemin, leur intimèrent l'ordre de retourner au camp, ordre qu'ils ne se décidèrent pas aisément à exécuter.

» Nous traversâmes peu après ce camp le Wed Bouthon; et, par la vallée où coule cette rivière vaseuse, nous aperçûmes un instant la ville de Milianah, qui étale ses maisons blanches sur une large rampe du mont Zakar. Nous nous trouvâmes bientôt en vue du camp des réguliers, à côté de Zarour. En entendant les sonneries des clairons et les batteries du tambour, nous aurions pu nous croire auprès d'un camp français, si la multitude d'Arabes qui se précipitaient à notre rencontre n'avait pas détruit l'illusion. El Djelali, pour nous éviter les importunités de cette cohue, nous fit exécuter un mouvement rétrograde et attendre à une certaine distance la réponse de l'aga Bouâlem, à qui il avait fait demander où était le bey Mohammed.

» Nous eûmes occasion de reconnaître dans cette circonstance que les Hadjouths, contrairement à l'usage général, ont très-peu de respect pour l'*aâcekar* (les réguliers) et ses chefs. L'aga vers lequel le chaouche avait envoyé ayant fait parvenir, après un assez long délai, une réponse équivoque, notre guide s'emporta beaucoup et ne ménagea pas les épithètes injurieuses, en quoi il fut parfaitement secondé par ses cavaliers. Ces gens ont la conscience des services qu'ils rendent à l'émir, et ils se posent avec l'insolence d'une milice prétorienne. Leur outrecuidance est d'ailleurs entretenue par la négligence des Français, qui vont faire des expéditions lointaines, laissant cet ennemi à leurs portes. Aussi les Hadjouths concluent modestement qu'ils sont invincibles, parce qu'on ne les a pas encore vaincus, faute de les avoir attaqués d'une manière sérieuse (1).

» Nous nous remîmes enfin en route pour gagner l'endroit où nous devions trouver le bey; nous ne marchâmes pas longtemps sans rencontrer dans un massif d'oliviers sauvages au pied du Zakar, entre le *Wed Bouthon* et le *Wed Kehha*, un assemblage de gourbis et de tentes qu'on appelle *Zarour*. Ce mot signifie *nèfles*; nous n'aperçûmes cependant aucun arbuste dans les environs qui justifiât la désignation donnée à cette localité. La population de ce village est presque exclusivement composée de Maures d'Alger ; on en compte près de deux mille cinq cents, tant dans cet endroit que sur d'autres points de la vallée du Chélif.

» Au moment où nous approchions de Zarour, nous aperçûmes, entre la route que nous suivions et le pied de la montagne, un détachement d'environ vingt-cinq réguliers fantassins qui, tambour en tête, se dirigeaient sur le même point que nous. Tout en marchant, ils faisaient quelques évolutions dans le but de nous montrer un échantillon de leur savoir-faire. Il faut avouer qu'ils ne s'en acquittaient pas mal; ce qui ne prouvait rien, du reste, quant à l'instruction de l'infanterie arabe en général; car il est fort probable qu'on avait choisi pour nous donner ce spectacle les hommes les mieux exercés. Nous arrivâmes presque en même temps que cette troupe auprès de deux tentes d'origine française, dont la blancheur contrastait avec la teinte sombre des gourbis et des autres tentes vraiment arabes. On nous fit arrêter en cet endroit, et

____

(1) Depuis cette époque les Hadjouths, attaqués avec vigueur et ensemble, ont cependant été forcés de se soumettre. (*Note de l'Éditeur.*)

un indigène, que nous reconnûmes pour un Maure à ses vêtements, s'avança vers nous, et nous dit en assez bon français, qu'il était chargé de nous recevoir de la part du bey, et de veiller à ce que tous nos besoins et tous nos désirs fussent satisfaits. Il nous présenta en même temps deux Bédouins qui devaient cumuler les fonctions de palefreniers et d'aides de cuisine, puis enfin un soldat régulier qui était chargé de nous apprêter nos aliments à la manière française. Nous n'eûmes pas plus tôt jeté les yeux sur ce dernier fonctionnaire, que nous le reconnûmes, malgré ses vêtements arabes, pour un de nos compatriotes dont le type de physionomie accusait fortement une origine parisienne. Ses jambes nues, selon l'usage des indigènes, n'avaient pas encore été brunies par le soleil, ce qui nous fit penser qu'il ne devait pas avoir abandonné nos rangs depuis longtemps. Nous ne nous trompions pas dans toutes ces conjectures, car notre futur *maître-queux* était un Parisien déserteur de Milianah, qui avait quitté cette garnison depuis quinze jours à peine.

« La figure de l'espèce d'intendant que nous devions à la complaisance du bey de Milianah ne nous était pas inconnue. Dans le moment où nous cherchions à rassembler nos souvenirs afin de deviner où nous pouvions l'avoir vue, notre majordome nous épargna de plus amples recherches en saluant deux d'entre nous par leurs noms, et leur rappelant dans quelles circonstances il les avait connus. C'était un certain Algérien nommé Hhamidah ben Fadhil, qui avait été au service d'un commissaire central de police d'Alger, et que des méfaits de plus d'un genre avaient obligé d'émigrer chez Abd el Qader. Nous nous gardâmes de donner à entendre à ce personnage que nous connaissions assez bien les quelques détails biographiques qui le concernaient; car il est plus important qu'on ne le pense, dans les relations avec les Arabes, de ménager certains individus dont la position est cependant toute subalterne. On verra plus loin que notre précaution n'était pas inutile.

» Pendant que les palefreniers s'emparaient de nos chevaux

et que notre garde d'honneur (car le détachement qui était
arrivé avec nous avait cette destination) faisait l'exercice, toujours pour nous donner une haute idée de l'habileté des réguliers, nous nous occupâmes de notre toilette, afin d'aller visiter
le bey, qui désirait nous voir immédiatement. Comme nous
étions occupés de ces soins, notre *tebbakh* ou cuisinier vint
nous demander ce que nous désirions manger à notre prochain
repas. Le malheureux était d'une pâleur extraordinaire en
paraissant devant nous, et il tremblait de tout son corps. Cette
émotion, qui contrastait avec l'expression pleine d'énergie de
sa physionomie toute militaire, lui fit honneur à nos yeux, car
elle indiquait du moins qu'il avait honte de la position où nous
le trouvions. Du reste, bien qu'il se fût présenté hardiment
lorsqu'on avait demandé dans le bataillon du bey de Milianah
un Français qui sût faire la cuisine, il était tout à fait étranger
à la connaissance de l'art culinaire; sa véritable profession était
celle de perruquier. Mais en sa double qualité de Parisien et de
zéphyr (1), il ne s'était pas laissé arrêter par cette légère difficulté, du moment qu'il avait entrevu la possibilité de se débarrasser des fatigues et des ennuis du service, et peut-être aussi de
l'obligation de combattre contre les Français.

» Notre courte toilette achevée, nous nous mîmes à la disposition de Ci Hhamidah, notre intendant, afin d'être présentés
au bey sitôt que celui-ci pourrait nous recevoir. Presque en face
de la tente que nous occupions, à l'ombre d'oliviers sauvages,
et au milieu d'une grande clairière, on apercevait une très-
petite tente ayant la forme de celles que nous appelons *canon-
nières*, et formée d'une solide étoffe en poil de chèvre où de
larges raies blanches alternaient avec d'autres de couleur moins
claire. C'était la salle d'audience où nous devions nous rencontrer avec le khalifah d'Abd el Qader. Au moment où nous nous

(1) On donne le nom de *Zéphyrs* aux soldats des bataillons d'infanterie légère d'A-
frique. Dans l'origine, lorsqu'il n'y avait que deux bataillons, le premier prit le nom
de *Flore* et l'autre celui de *Zéphyr*. Cette dernière désignation, qui seule a survécu,
s'applique aujourd'hui à tous les soldats des trois bataillons indistinctement.

disposions à sortir, nous aperçûmes Cid Mohhammed ben Allal, accompagné de deux secrétaires, qui venait s'y installer. Nous le suivîmes de près; el Ci Hhamidah nous présenta l'un après l'autre, en indiquant brièvement la position sociale de chacun de nous. Nous profitâmes de cette occasion pour relever l'étrange erreur commise dans le sauf-conduit, afin de prévenir les difficultés qu'on aurait pu nous faire sur la non-identité des personnes. Cid Mohhammed n'ayant pas plus relevé cet incident que ne l'avait fait le qaïd des Hadjouths, nous n'insistâmes pas davantage. La très-courte conversation que nous eûmes avec le khalifah se borna presque à un échange de compliments, comme, du reste, c'est l'usage du pays. Il nous demanda seulement des détails sur l'évêque, ce qui nous mit dans un certain embarras, car nous nous étions déjà aperçus plus d'une fois que Krimô, cet indigène dont il a été question plus haut, avait, dans un but très-louable du reste, exalté outre mesure le pouvoir de ce prélat. Ce n'était pas d'ailleurs peu de chose que de faire comprendre à des gens qui sont habitués à trouver tous les pouvoirs concentrés dans une même main, la séparation qui existe chez nous entre le spirituel et le temporel. Cid Mohhammed croyait ou feignait de croire que l'évêque d'Alger était tout-puissant, et il donnait à entendre, comme l'avait déjà fait le qaïd des Hadjouths, que monseigneur devait faire plus que d'échanger des prisonniers.

» Il est impossible d'être plus aimable que ne le fut le bey de Milianah à notre égard; nous voulions entamer immédiatement la discussion du traité d'échange, mais il coupa court en nous disant qu'il acceptait d'avance tout ce que l'évêque avait proposé. Nous quittâmes le khalifah, enchantés de la bonne réception qu'il nous avait faite, et persuadés que l'affaire importante qui nous amenait auprès de lui était déjà terminée et à notre satisfaction. Mais nous chantions victoire un peu trop tôt, et les choses devaient aller plus lentement que nous ne le supposions, par des circonstances qui, du reste, étaient indépendantes de la volonté des Arabes.

» A peine de retour dans notre tente, nous apprîmes que l'armée française était sortie de Blidah. Notre arrivée parmi les Arabes, la mission dont nous étions chargés, avaient fait naître des espérances de paix en dépit de nos énergiques dénégations, qu'on avait prises pour de la réserve diplomatique. Mais l'entrée en campagne du corps expéditionnaire était un fait significatif qui détruisait toute illusion ; aussi nous ne vîmes bientôt autour de nous que des physionomies abattues, où le soupçon se lisait assez facilement. Le sieur Hhamidah, en sa qualité d'ancien agent de police, se donna la mission de vérifier si notre présence parmi eux n'avait pas un autre but que l'échange des prisonniers, et si nous n'étions pas par hasard chargés d'étudier le pays, les forces des indigènes, afin de fournir à l'armée d'utiles renseignements pour ses opérations ultérieures. Il nous prit tous successivement à part, tâchant de nous intimider par un visage sinistre et par des réticences inquiétantes ; puis, ce moyen ne réussissant pas, il se mit à jouer le rôle d'agent provocateur, parla de la misère des pauvres Algériens réfugiés chez Abd el Qader, etc. Notre franchise dérouta complétement toute sa tactique policière ; et, convaincu de l'inutilité de ses efforts, il rentra pour un moment dans son rôle de majordome.

» Nous apprîmes dans l'après-midi que le bey venait de monter à cheval et allait se mettre à la tête des fantassins et des cavaliers qui occupaient les camps devant lesquels nous avions passé. Il ne laissait derrière lui que son khodjah Cid el Hhadjé Ahhmed ben Mohhammed chérif, un descendant de ce marabouth qui a donné son nom à tout un quartier d'Alger, et notre intendant Hhamidah ben Fadhil. Nous sûmes aussi que le village où nous nous trouvions allait être abandonné, et que, suivant le mouvement d'émigration, nous irions camper à quelque distance de là auprès du pont du Chélif. Avant le départ du bey, nous reçûmes la visite de l'aga Bouâlem, que nous supposâmes envoyé par le khalifah afin d'apprendre de nous les intentions du corps d'armée qui s'avançait sur eux.

Bouâlem commença par nous dire que la mission dont nous étions chargés avait pu les autoriser à croire que la paix était sur le point de se conclure, et que la sortie de l'armée dans une pareille circonstance devait leur sembler étrange. Nous répétâmes ce que nous avions déjà dit si souvent, que nous avions mission d'échanger les prisonniers, et rien de plus ; que cette opération parmi nous se conduisait très-bien pendant la guerre et n'en arrêtait nullement la marche pour aucune des deux parties ; nous ajoutâmes que, du reste, le but des opérations, d'après ce que nous avions su à Alger, était de ravitailler Médéah et Milianah, et qu'ils ne devaient pas trouver extraordinaire qu'on vînt apporter à manger à des garnisons qui ne tiraient rien du pays où elles se trouvaient. Bouâlem réfléchit un instant, puis s'écria : *N'importe ! il faut que nous allions les combattre.*

» Cid Mohhammed, avant de quitter Zarour, avait eu la délicate attention de nous dire que si nous voulions écrire à M. le sous-intendant Massot, il mettrait à notre disposition un exprès qui irait porter la lettre à Thazah ; Hhamidah, en nous annonçant cette bonne nouvelle, déposa un instant le masque lugubre que l'entrée en campagne de notre armée lui avait fait prendre. Nous nous empressâmes de profiter de la bienveillance du bey, et nous adressâmes ce même jour, 1er avril, une lettre collective à M. Massot, où nous informions ce pauvre captif de notre arrivée à Zarour, du motif qui nous y amenait, et des raisons que nous avions de croire à une prochaine réussite. Nous gardâmes le silence toutefois sur la reprise des hostilités, afin de ne pas troubler la joie qu'il éprouverait à apprendre qu'il allait être bientôt libre. Notre lettre, à cause des dispositions de guerre, ne lui parvint que le 5 dans la soirée, et nous n'avons eu connaissance de sa réponse qu'à Alger, après l'échange. Le désir que M. Massot y témoigne de revenir avec nous ne put se réaliser, à cause des circonstances défavorables que nous avons fait connaître.

» **Le 2 avril**, dans la matinée, nous apprenons qu'on vient d'exécuter auprès de nous, sur l'emplacement du camp des réguliers, un homme de *El Arhouat,* sur lequel on a saisi des proclamations adressées aux indigènes par l'autorité française. Ce malheureux avait été pris par les Hadjouths auprès de Mouzayah. Nous avions à notre suite un habitant de Blidah, nommé El Arbi, qui nous servait de muletier ; cet indigène devait avoir quelque raison de redouter la sévérité expéditive de la justice d'Abd el Qader ; car à partir de cette exécution, le pauvre diable ne bougea plus d'auprès de notre tente ; et à chaque décapitation pour le même sujet (il y en avait tous les jours) ses angoisses semblaient s'accroître. Il prétendait que n'étant pas porté sur l'*aman*, on pouvait lui faire un mauvais parti. Cette explication eût été assez peu rassurante pour deux d'entre nous qui se trouvaient précisément dans un cas identique, et même pour les deux autres qui étaient mentionnés sous de fausses désignations, si nous avions eu les nerfs aussi irritables que l'habitant de Blidah.

» Vers le milieu de la journée, nous vîmes partir les femmes du bey et des principaux dignitaires. Elles étaient voilées à la manière d'Alger ; les autres femmes marchaient à visage découvert, quoique Algériennes, ainsi que les premières. La nécessité où elles sont presque toutes de suivre les usages des femmes bédouines, et surtout l'impossibilité de prendre ces bains d'étuve qu'elles affectionnent tant, leur rend odieuse la vie qu'elles mènent sur le terrain d'Abd el Qader.

» On nous apprend l'entrée des Français à Médéah : Ci Hhamidah, qui nous donne cette nouvelle, prétend que les habitants de Zarour craignent que l'armée ne brûle leurs gourbis en allant à Milianah. Il nous prie de leur part d'écrire au général Bugeaud, afin qu'elles soient épargnées. Nous faisons ce qu'il demande, et en lui remettant la lettre non cachetée, nous insistons beaucoup pour qu'elle soit lue avant d'être envoyée. Nous avons appris plus tard qu'elle n'est jamais arrivée à son adresse, ce qui nous a confirmés dans nos soupçons, que cette démarche avait bien pu être un piége. Nous sûmes en même temps que le lendemain matin on nous dirigerait un peu plus loin dans l'intérieur, auprès du pont du Chélif.

» Nous reçûmes dans la soirée la visite d'un des fils du khodjah. A peine âgé de douze ans, cet enfant est remarquable par sa vivacité, son esprit et surtout par sa finesse. Étonné de voir que M. Toustain Dumanoir sût non-seulement parler, mais encore écrire l'arabe, il voulut le mettre à l'épreuve, et lui proposa plusieurs phrases qu'il jugeait difficiles. Notre jeune interprète, dont l'instruction est déjà remarquable, s'en tira à merveille. Mais son émule indigène ne voulant pas reconnaître la supériorité d'un chrétien, prétendit qu'il avait fait des fautes d'orthographe. Un pari s'engagea, il ne s'agissait de rien moins que d'une paire de grands étriers arabes en argent. Comme avec ces messieurs il faut des écrits et non des paroles, M. Toustain voulut que le petit Ali lui écrivît les conditions du pari et l'engagement qu'il prenait dans le cas où il serait vaincu, se proposant bien toutefois de considérer cette convention comme une plaisanterie. Mais quel fut son étonnement, en parcourant la pièce que son adversaire venait de lui remettre, de reconnaître qu'elle était rédigée avec une telle adresse qu'elle demeurait tout à l'avantage d'Ali, quel que fût le résultat du pari! Un diplomate consommé d'âge et d'expérience n'aurait pas dressé un protocole avec plus d'habileté. On s'explique du reste aisément ce développement prématuré de l'intelligence qui est commun à tous les jeunes Arabes; ce n'est pas dans les *livres* qu'ils s'instruisent, mais dans les faits qui se passent sous leurs yeux. Chez nous, l'enfant, on pourrait même dire l'*homme*, la plupart du temps, demeure complétement étranger aux affaires publiques, n'a aucun rapport avec les individus d'une autre classe. Chez les Arabes, tout se fait devant tous; et s'il y a des différences de position, il n'y en a presque pas de langage et d'intelligence.

» Nous quittâmes Zarour le 2 avril dans la matinée, et nous traversâmes la vallée du Chélif pour aller gagner un petit camp de cavalerie régulière qui se trouvait entre les Oulad Moqthâ et le pont du Chélif, au pied du *Djibel Doui*. Notre tente fut établie au bord de la berge du Chélif, à côté de celle du grand prévôt, où se trouvaient une vingtaine de prisonniers qui attendaient leur jugement. Les espions, car il y en avait quelques-uns, n'attendirent pas longtemps : sitôt qu'Abd el Qader fut arrivé, il les fit amener devant lui, et après un court interrogatoire, il ordonna leur exécution. Voici comment la chose se passa pour un de ces infortunés.

» Le coupable ayant été conduit devant l'émir, celui-ci lui demanda s'il avait reçu des Français des proclamations pour les répandre dans l'intérieur. Il n'y avait pas moyen de nier, puisque le prévenu avait été trouvé nanti de ces pièces ; il avoua donc. — Et combien t'a-t-on donné pour cela ? lui dit Abd el Qader. — *Un douro* (5 francs). — Comment, misérable ! tu n'estimes donc pas ta tête à plus haut prix ! Et en disant ces paroles l'émir fit signe à un de ses secrétaires de lire l'article de la loi musulmane qui dispose que l'espion sera mis à mort. A un autre signe du prince, le chaouche de service fit éloigner un peu le coupable de la tente, lui ordonna de se mettre à genoux, et lui trancha la tête immédiatement. Il y eut une huitaine de ces exécutions pendant notre séjour chez les Arabes ; à chacune, le muletier dont nous avons déjà parlé se réfugiait dans notre tente, où il se tenait pelotonné et immobile, ne donnant signe de vie que pour élever piteusement les yeux au ciel et implorer sa clémence par des exclamations entrecoupées dont le sens eût été inintelligible, si le jeu de sa physionomie n'avait pas aidé considérablement à le faire comprendre.

» Il nous arriva dans cette journée des nouvelles de la guerre ; mais nous n'avions guère de confiance dans les récits contradictoires qui circulaient. Les Arabes avouaient avoir eu douze tués, parmi lesquels se trouvait le bache chaouche de El Berkani.

» Sous le Djibel Doui, comme à Zarour, nous avions une garde de réguliers auprès de notre tente. Pour mettre à profit les neuf jours de loisirs forcés que la défiance des indigènes nous procurait, nous avions étudié par nous-mêmes l'organisation des forces régulières de l'émir, en nous aidant de renseignements recueillis de personnes en position de bien connaître la vérité. Nous pouvons donc fournir les détails précis sur cette matière, détails qui offriront sans doute quelque intérêt au lecteur.

» L'armée régulière se recrute par voie d'enrôlement volontaire pour la durée de la vie de celui qui le contracte. Lorsqu'il n'y a pas nécessité de retenir tous les soldats sous les drapeaux, ceux qui sont autorisés à rester chez eux touchent la solde, mais ne reçoivent pas de vivres.

» Le bataillon, unité militaire dans l'armée arabe, contient un nombre de compagnies qui varie suivant la volonté ou les besoins des différents *khalifah*. La compagnie s'apelle *myah* (cent) ou centurie, à cause de la quantité d'individus qui la composent; elle se subdivise en trois sections nommées *kheba* (tente), parce qu'il y a une tente pour les trente-trois hommes qui forment chacune d'elles.

» Le bataillon est commandé par un aga (*arha*) qui touche 30 boudjous (54 francs) de solde mensuelle. L'uniforme de ce chef est pantalon, veste, gilet amarantes, et *chachiyah* (petite calotte rouge) entourée d'un turban. Ses armes sont une paire de pistolets, une giberne, un sabre à fourreau d'argent. Il a le droit de faire campagne à cheval. Ses insignes sont les inscriptions suivantes : 1° Sur la manche droite, en lettres d'argent : *La patience est la clef de la victoire.* Sur la manche gauche : *Il n'y a de Dieu que Dieu, et Mahomet est son prophète.* Sur le côté droit de la veste, à la hauteur du sein : *Allah* (Dieu). Sur le côté gauche, au-dessus du cœur : *Mohhammed.* L'aga est assisté, dans la partie administrative de ses fonctions, par un *khodjah* dont la solde est de 20 boudjous (36 fr.) par mois. Ce khodjah porte écrit sur sa manche : *Nasseur el din* (celui qui fait triompher la religion). L'aga a encore à sa disposition un *chaouche el adcekar*. Le chef de la compagnie ou capitaine est appelé *ciyef* (qui porte le sabre). Deux petits sabres placés sur ses épaules font l'office d'épaulettes. Sa solde monte à **12** boudjous (21 fr. 60) par mois. Son uniforme est pantalon, gilet et veste écarlates ; il est armé de pistolets, sabre et giberne en cuivre. Il peut monter à cheval, excepté pendant le combat. On lit en découpure sur le sabre qu'il porte à l'épaule droite : *Il n'est rien de plus profitable que la piété et le courage;* et sur celui de gauche : *Il n'est rien de plus nuisible que la discussion et le manque d'obéissance.*

» Sous le *ciyef,* il y a trois *raïce el sof* ou *kebir-el-kheba,* qui commandent chacun à un *kheba* ou peloton ; leur nom rappelle cette double circonstance, car *raïce el sof* signifie chef de rang (1), et *kebir el kheba* veut dire le *grand* ou *chef de la tente.* On se rappelle ce que nous avons dit plus haut, que dans les campements il y a une tente pour chaque tiers de compagnie ou peloton de trente-trois hommes. Les sous-officiers qui ont la veste bleue, le gilet bleu et la calotte rouge, répondent à peu près à nos sergents, et portent pour insignes l'inscription suivante sur la manche : *Celui qui obéit à son chef et craint son Dieu obtiendra tout ce qu'il espère et tout ce qu'il désire.* Dans le croissant qui surmonte la figure en ogive où on lit ce qui précède, on trouve *Nasseur el din* que nous avons déjà expliqué, plus une date. La solde du *kebir-el-kheba* n'est que de 8 francs par mois ; cet officier ne paye pas son habillement.

» Enfin l'*adcekeri,* ou simple fantassin, a **9** francs par mois ; mais il est obligé de s'habiller sur cette somme. Chaque compagnie est pourvue d'un *khodjah* qui remplit les doubles fonctions d'aumônier et de sergent-major. Un *tambourdji* (tambour) et un *tebbakh* (cuisinier) complètent la série des fonctionnaires subalternes.

» Le fantassin régulier porte le *kabbout,* veste à capuchon de couleur brune, en étoffe de laine faite au métier ; une culotte bleu de ciel de même étoffe, des babouches jaunes et une *chachiyah* rouge. Il est équipé d'une giberne en peau rouge et

---

(1) La compagnie de cent hommes étant en bataille sur trois hommes de profondeur, offre trois *rangs* de trente-trois hommes chacun, d'où les subdivisions que nous venons d'indiquer.

d'une ceinture de même matière qui serre sur la veste et le baudrier de la giberne. Il est armé d'un fusil français ; il peut porter des pistolets et un yathagan, mais alors il doit les acheter.

» CAVALERIE. Cette arme est organisée par escadron de cinquante hommes commandés par des *cyef* ou capitaines sous chacun desquels il y a deux *kebir el kheba*. Le chef supérieur est assisté de son *khodjah*. Chaque escadron a un *tebbakh* ou cuisinier et un *khodjah*.

» L'uniforme de l'aga est amarante, sauf la large culotte, qui est bleue. On lit sur le côté droit de la veste, en lettres d'argent : *Allah* (Dieu), et sur la manche du même côté : *Allons, combattant, élance-toi si tu veux faire prise ; ne songe pas à ce qui peut t'arriver, car tu fuirais.*

» On lit sur la manche droite des officiers subalternes de cavalerie : *Le bonheur est attaché aux crins des chevaux.* Les *khiyel* ou simples cavaliers sont habillés en rouge comme nos spahis réguliers, sauf le beurnous, qui est blanc ou noir, et qu'ils achètent à leurs frais ainsi que le *hhaïk*.

» ARTILLERIE. — Le chef des canonniers est appelé *bache tobdji* ; il dirige les travaux du génie, qui ne forme pas dans l'armée d'Abd el Qader une arme spéciale. On conçoit aisément ce cumul chez les Arabes, qui, n'ayant pas de prolonges, peuvent passer par toutes les routes, et qui jusqu'ici n'ont entrepris de défendre aucune ville, et n'en ont assiégé qu'une seule, *Aïn el Mâdhi*. Le bache-tobdji a la même solde que l'aga ; ses insignes sont l'inscription suivante, qui est écrite en lettres d'argent sur sa manche droite : *Je ne lance rien par moi-même, et si je lance quelque chose, c'est Dieu qui l'a lancé.* Cet officier supérieur a sous lui un lieutenant ou *khalifah bache tobdji*, un *kebir el medfâa* ou chef de pièce, et il est assisté d'un *khodjah* et d'un chaouche. Les *tobdji* ou canonniers, dont le nombre est illimité, ont un trompette et un *tebbakh* ou cuisinier.

» Abd el Qader a complété son imitation des usages militaires européens en créant une décoration. C'est une espèce de griffe en argent qui s'attache au turban et dont les branches plus ou moins nombreuses indiquent le degré de mérite.

» La nourriture de l'armée est, règlementairement, par jour (1) :

» Un demi-kilogramme de biscuit le matin. —

» Le soir, un kilogramme de *chichah* ou blé concassé. —

» On fait cuire ce blé dans une *tandjera* (chaudron) qui sert pour trente-trois hommes (une tente); on y met trois quarts de kilogramme de beurre. Tous les jeudis chaque compagnie reçoit cinq moutons.

» Les convois de chameaux et de mulets qui portent les tentes et les vivres précèdent toujours l'armée et vont camper au lieu indiqué par l'émir. Lorsque les troupes arrivent, elles trouvent leurs tentes tendues et la cuisine en train. Le bivouac arabe est un ovale formé par les tentes des réguliers, qui sont rondes et ont un soutien dans le milieu ; il y a une sentinelle devant chacune d'elles pendant la nuit. Au centre de l'armée est le makhzen ou état-major ; à l'orient se trouve la porte du camp, où est établi le bivouac du *bache-tobdji*. Cette porte est en face de l'ouverture de la tente de l'émir. Lorsque ce prince entre dans le camp, trois coups de canon annoncent son arrivée.

» Abd el Qader n'a rien négligé pour ôter à la guerre le caractère de cruauté que l'usage immémorial de trancher les têtes lui avait donné jusqu'alors. Il a ordonné de faire des prisonniers et de ne tuer que ceux qui se défendent. Il se passa vers l'époque où nous nous trouvions dans son camp un fait qui prouve l'importance qu'il attache à cette réforme. Un régulier lui ayant présenté la tête d'un Français, Abd el Qader demanda si l'homme à qui appartenait cette tête était mort quand on l'avait décapité. Le soldat répondit affirmativement. *Tu recevras donc deux cent cinquante coups de bâton*, lui dit l'émir, *pour avoir con-*

(1) Pendant notre séjour au Chélif, nous avons observé que la ration du soldat est réduite à trois grandes cuillerées de blé le matin et deux le soir; on fait bouillir ce blé, qui est pilé, dans de l'huile et de l'eau. La viande ne se donnait que tous les quinze jours.

trevenu à mes défenses, et pour t'apprendre qu'un mort n'étant l'ennemi de personne, il y a lâcheté barbare à le mutiler.—L'exécution terminée, le soldat imaginait être quitte, et se préparait à s'éloigner. L'émir l'arrêta par cette question : *Pendant que tu coupais la tête à cet homme, où était ton fusil ? Je l'avais posé à terre, ré*pondit l'aâcekeri. — *Deux cent cinquante autres coups de bâton pour avoir abandonné ton arme pendant le combat !*

» Le malheureux régulier après cette deuxième distribution ne pouvait plus se tenir sur ses jambes, et on se disposait à l'emporter, lorsque Abd el Qader lui adressa de nouveau la parole en ces termes : *Quand tu as eu coupé la tête à cet homme, comment t'y es-tu pris pour pouvoir rapporter ce trophée sanglant et tes armes?—Je tenais mon fusil d'une main et la tête de l'autre. — C'est-à-dire,* s'écria l'émir, *que tu portais tes armes de manière à n'en pouvoir faire usage. Qu'on lui donne encore deux cent cinquante coups de bâton.* Grâce à cette sévérité extrême, Abd el Qader avait réussi en peu de temps à faire abandonner un usage barbare consacré par les siècles.

» Nous ignorions quand il nous serait permis de quitter le camp du Chélif ; en tout cas, ce ne pouvait être tant que l'armée française tiendrait la campagne, puisque celui que l'émir avait chargé de conclure l'échange était retenu sur le théâtre de la guerre. L'ennui de notre position eût été diminué s'il nous avait été possible de faire quelques promenades dans les environs, mais, à l'inquiétude que témoignèrent nos hôtes parce qu'une fois M. de Franclieu, emporté par un instinct de chasseur, avait traversé la rivière pour tirer sur des perdrix, nous comprîmes qu'on désirait que nous restassions au camp. Le motif qu'on nous donna était d'ailleurs assez plausible : les tribus, alléguait-on, étaient irritées de la reprise des hostilités ; en allant au loin, nous nous exposions à rencontrer des gens qui avaient peut-être un parent, un ami à regretter, parmi les guerriers que le sort des armes faisait tomber chaque jour, et nous risquions d'être insultés sinon maltraités.

» Réduits à borner nos promenades à l'étendue que le fac-

tionnaire parcourait devant notre tente, nous aurions cruelle-
ment souffert de l'ennui, si nous n'avions pas eu le spectacle de
quelques intrigues subalternes qui s'agitaient autour de nous,
et surtout les récits, les faits et les gestes de notre cuisinier,
dont la gaieté était inaltérable. Sans entreprendre d'initier nos
lecteurs à toutes les excentricités de ce personnage, nous essayerons cependant de le faire connaître un peu, ne fût-ce que
pour donner une idée de la position des Français déserteurs
parmi les Arabes.

» Celui dont il est ici question s'était enfui de Milianah
quinze jours avant notre arrivée, ainsi qu'on l'a déjà dit. A
quelque distance de la ville, il avait aperçu un poste ennemi et
s'était dirigé droit sur les Arabes. « Ils me dirent de *chêter* (1),
nous racontait-il, et je *chêtai*. Je ne m'en acquittais pas trop
bien, mais ils voyaient que j'y mettais de la bonne volonté, et
ils parurent contents. » Conduit au camp de Zarour, on lui
demanda sur l'état de la garnison des renseignements qu'il
assure ne pas avoir donnés exacts à dessein. On le débarrassa
de son uniforme de chasseur d'Afrique pour lui faire endosser
le costume des réguliers à pied, et on l'incorpora dans la compagnie des *euldje* ou renégats, qui sont au nombre d'une cen-
taine, parmi lesquels on ne compte que douze Français. Il eut
dès lors droit à la paye et aux prestations en nature comme tous
les autres réguliers. Ce revenu ne pouvait lui suffire, car il faut
toute la sobriété arabe pour s'en accommoder. Mais à la fois
Parisien et *zéphyr*, notre homme ne pouvait être dépourvu
d'industrie et d'esprit de ressource; il imagina, entre autres
moyens, de se faire médecin, et se mit à traiter les indigènes. Si
nous en jugeons par un fait qui se passa sous nos yeux, ses mé-
dicaments ne devaient pas lui coûter fort cher. Ainsi, nous le

(1) Ce verbe, qu'on chercherait vainement dans le dictionnaire de l'Académie, est
un mot dont nos déserteurs ont enrichi la langue française. Corruption de l'arabe
chaad, il signifie *confesse*, fais la profession de foi; c'est-à-dire, prononce la phrase :
La ilah il Allah Mohhammed raçoul Allah (il n'y a de Dieu que Dieu, Mahomet
est son prophète)!

vîmes un soir occupé à enlever avec beaucoup de soin les bavures de la bougie qui brûlait au milieu de notre tente; et
comme nous lui demandions ce qu'il prétendait faire de cet
ingrédient, il nous répondit que c'était pour fabriquer un remède. « J'étends cela, nous dit-il, sur le premier chiffon venu,
et ça fait l'effet de diachylum. » Comme nous ne paraissions
pas entièrement persuadés de l'efficacité de ce moyen thérapeutique, il ajouta : « J'en emploie bien d'autres, ma foi : dernièrement il m'est venu un Bédouin qui avait mal aux yeux. Je me
suis mis à piler du charbon avec de la terre, et j'ai fait du tout
un emplâtre que je lui ai appliqué sur les *quinquets*. Ce qu'il y
a de plus drôle, c'est que le gaillard a été parfaitement guéri !
Vous sentez bien qu'il m'est égal de les guérir ou de les tuer ;
l'essentiel, c'est qu'ils me donnent de l'argent. Quand ils viennent pour se faire traiter, je leur dis d'abord : *Donar boudjou*,
c'est-à-dire, donne-moi un boudjou. Ils se font un peu tirer
l'oreille, mais ils finissent par payer. Après quoi, je leur montre mon remède, et avant de le livrer, j'ajoute : *Donar encore
boudjou*. Alors ils crient beaucoup ; mais comme je ne comprends pas leur jargon, ça m'est totalement indifférent. Quand
ils sont as de se mettre en colère, ils me donnent un deuxième
boudjou, et alors je leur applique la chose ; car enfin il est
bien juste, puisque je suis en même temps médecin et apothicaire, qu'ils payent la consultation et le médicament.»

» Les Arabes n'ignorent pas que les déserteurs sont la lie de
notre armée, et que la plupart ne se décident à quitter nos rangs
que pour éviter les conséquences judiciaires de quelque mauvaise action ; aussi ils ne les estiment guère ; mais, suivant
qu'ils en ont besoin pour s'instruire au maniement des armes
et pour obtenir beaucoup de renseignements, ils ne les traitent
pas trop mal. Ils ne se font aucune illusion, du reste, sur les
vrais sentiments religieux de ces nouveaux convertis, et ils
sentent parfaitement qu'ils ne changent avec tant de facilité de
religion que parce que au fond toutes leur sont parfaitement
indifférentes. Aussi ils ne se pressent pas de les circoncire, d'au

tant plus que cette opération, dangereuse quand elle est pratiquée sur des adultes, n'est pas de rigoureuse obligation. Les
chefs ont compris quelle propagande funeste cette écume de
notre armée pourrait pratiquer parmi les vrais musulmans, et
ils ont eu soin de mettre tous les renégats ensemble. Il est heureux pour nos ennemis qu'il soit presque impossible de se procurer du vin sur le territoire d'Abd el Qader, car ces *euldje* leur
donneraient alors beaucoup d'embarras (1) ; qui sait même si
quelques-uns de ces *zéphyrs*, dans un retour patriotique, provoqué par cette espèce de boisson, n'en viendraient pas à jouer
la vie de l'émir des croyants au jeu de *qomar* (2), comme plusieurs ici ont joué la vie d'un sergent, d'un officier ou du premier venu qui entrerait dans leur chambre, en un cent de
piquet ?

» Ali (c'était le nom musulman de notre cuisinier) avait
promptement remarqué le ton d'autorité que les réguliers prennent vis-à-vis des Arabes qui n'appartiennent pas à l'armée
permanente, et il se crut autorisé à les imiter. Mais si les Bédouins n'osent se révolter contre les mauvais traitements des
janissaires de la création de l'émir, qui ont la même origine,
la même langue, la même religion qu'eux, ils ne souffrent pas
avec autant de patience les hauteurs et les rebuffades d'Européens dont l'orthodoxie musulmane est assez équivoque.

» Nous faisions un jour la sieste dans notre tente, lorsque
nous fûmes éveillés en sursaut par un grand bruit venant du
dehors. A peine sortis pour en connaître la cause, nous aperçûmes Ali qui faisait un échange actif de coups de pied et de
coups de poing avec un de nos palefreniers indigènes. Mais
comme ce dernier ne s'était pas fait initier au grand art de la
pancrace et du pugilat dans les salles du faubourg Saint-Mar

(1) Les juifs fabriquent dans quelques villes un vin assez médiocre de raisin ou de
grenades ; mais les réguliers étant toujours campés loin des villes, n'ont pas souvent
occasion de s'en procurer.

(2) *Qomar* signifie la lune ; on donne ce nom à un jeu qui se joue avec les cartes
espagnoles, les seules dont les indigènes fassent usage et auxquelles ils conservent
leurs noms espagnols.

ceau ou du faubourg Saint-Antoine, il recevait beaucoup plus qu'il ne donnait. Pour rétablir un peu l'équilibre dans une lutte aussi inégale, l'Arabe finit par sortir son couteau ; Ali en fit autant de son côté, jurant de la manière la plus énergique que si son adversaire avançait d'un pas il le saignerait comme *un pourceau*. Nous intervînmes à temps pour faire cesser cette querelle, qui menaçait de devenir grave, et ce ne fut pas sans peine que nous parvînmes à calmer un peu notre irascible cuisinier. Lorsque nous y eûmes à peu près réussi, nous nous informâmes de la cause de ce grand combat. « Croiriez-vous, nous dit Ali, que j'ai prié ce grand fainéant d'aller me chercher du beurre à la tente du khaznadar, et qu'au lieu d'obéir il s'est mis à me regarder en ricanant? Après lui avoir répété plus de dix fois, la colère m'a pris, et je lui ai allongé un coup de poing. » Nous eûmes quelque peine à faire entendre à l'ex-zéphyr que comme il avait donné cet ordre en français, et que l'Arabe comprenait seulement sa propre langue, il n'était pas surprenant qu'il n'eût point obéi. Hhamidah, notre intendant, qui était arrivé vers la fin de cette scène, nous dit qu'on ne punirait pas Ali en ce moment, parce que nous étions là, et que ce serait nous blesser en quelque sorte, mais qu'il payerait cher plus tard son acte de brutalité. Notre cuisinier se promenait alors de long en large devant notre tente, les bras croisés et en proie à une vive agitation, et laissait échapper des regrets et des menaces que l'oreille de l'ex-agent de police recueillait avec soin, et qui après notre départ ont dû procurer de mauvais traitements au misérable déserteur.

» Tout étant rentré dans l'ordre accoutumé, nous retournâmes à notre tente, suivis par Hhamidah ben Fadhil. Notre majordome demanda du café, qu'il eut bien soin de nous faire payer, quoiqu'il reçût cinq francs par jour pour ces sortes de menues dépenses. Il chargea sa pipe avec du tabac prélevé sur nos provisions, et après avoir aspiré quelques bouffées dans un silence grave et méditatif, il se mit à entamer un long discours sur les avantages de la paix. A l'étendue de cette allocution et surtout aux faits qu'elle contenait, il nous fut aisé de reconnaître que notre digne intendant était, dans cette circonstance, le porte-voix d'un personnage plus considérable qui le prenait pour intermédiaire afin d'exprimer, sans se compromettre, des idées qu'il pensait bien que nous ferions connaître à Alger. Ce procédé est, du reste, dans les usages diplomatiques des indigènes : on se détache réciproquement des individus subalternes qui, sans caractère officiel, traitent les questions en litige sous forme de simple conversation ; de sorte que lorsque les parties contractantes viennent à s'aboucher, elles connaissent déjà leurs prétentions réciproques et les concessions qu'elles sont disposées à se faire. Nous n'ignorions point cette coutume, aussi prêtâmes-nous aux paroles de Hhamidah une attention beaucoup plus grande qu'il ne nous était arrivé de le faire jusque-là. Nous pensons que le lecteur lira ces détails avec intérêt malgré leur étendue, car ils donnent une idée exacte du point de vue auquel Abd el Qader envisage la question d'Afrique.

» Hhamidah débuta par un éloge de la paix en général, et par l'énumération des avantages que la cessation des hostilités réaliserait pour les Français et pour les Arabes. « Nous sommes » complétement de cet avis, lui répondîmes nous, pourvu toutefois que cette paix soit bien faite et surtout exécutée de » bonne foi. Mais comment se fait-il que vous autres qui préconisez tant les douceurs de la paix, vous ayez les premiers » rompu le traité de la Tafna ? »

» Ici nous reproduisons textuellement l'explication du sieur Hhamidah, sans garantir le moins du monde les assertions dont elle se compose.

« La rupture du traité de la Tafna, nous dit Hhamidah ben » Fadhil, ne date pas du 16 novembre 1839 (combat où le » commandant Rafel fut tué), mais bien du 28 octobre, jour » où le fils du roi a passé les Bibans et est venu sur le terrain » du sulthan (1). Vous aviez trouvé mauvais, en 1838, que notre

(1) Nous avertissons encore une fois que nous reproduisons textuellement les paroles de notre interlocuteur, parce que nous croyons utile de bien faire connaître l'opinion

» maître, Dieu le garde ! se fût approché de ce côté, et sur vos
» observations, il s'est abstenu d'aller dans la Medjana, bien
» qu'il y fût appelé par le vœu des populations. Comment se
» fait-il qu'un an après, contrairement à ce traité que vous
» invoquiez pour nous empêcher d'aller à l'Est des Portes de
» Fer, vous soyez, vous, venus à l'Ouest, en traversant tout le
» pays que le traité plaçait sous la domination du sulthan ? Le
» fils de votre roi est jeune : comme tous les jeunes gens il aime
» à voyager, à voir le monde. S'il avait écrit à Abd el Qader, et
» lui eût exprimé le désir qu'il avait de visiter ces contrées,
» Abd el Qader se serait fait un plaisir de lui en donner l'au-
» torisation, et lui aurait fourni une escorte digne de lui, qui
» l'aurait dispensé d'amener une armée. »

» A cette tirade outrecuidante, il fallait ou se fâcher, ou rire ;
nous nous arrêtâmes à ce dernier parti. Notre accès de gaieté
ne démonta point l'impassible Hhamidah, qui poursuivit en ces
termes :

« Vous allez m'objecter, car vous me l'avez dit, que le traité
» additionnel à celui de la Tafna, conclu par Miloud ben Hhar-
» rache, le 4 juillet, vous donnait le passage des Bibans jusqu'à
» Alger. Mais ce traité n'était pas revêtu du cachet de l'émir ;
» il a été fait sans son consentement, sans qu'il en eût même
» connaissance, et celui qui l'a reçu n'ayant pas de pouvoirs à
» cet égard, ne l'a jamais considéré que comme un projet qu'il
» devait soumettre à l'examen et à l'approbation de son
» maître. Le maréchal Vallée n'a pu ignorer ce fait, puisque,
» quelque temps après, sachant que le sulthan refusait de rien
» changer au traité primitif, il lui a envoyé son gendre à Bouk-
» horihefah, et que ce dernier a tenté de vains efforts pour le
» faire revenir de sa résolution de s'en tenir de tous points au
» traité de la Tafna. Le gouverneur d'Alger savait tout cela
» quand il a passé les Bibans, il savait, car le sulthan l'avait
» dit à son gendre, que cette opération serait le signal de la

arabe, même quand elle est erronée et qu'elle se formule d'une manière qui doit nous
paraître inconvenante.

» guerre. Si donc lorsque après cet affront fait au sulthan;
» celui-ci a commencé les hostilités, le maréchal Vallée l'a accusé
» d'une perfide violation du traité de la Tafna, était-il fondé à
» porter cette accusation (1) ? »

» Au reste, Abd el Qader a écrit plusieurs lettres à cet égard,
» et toutes sont demeurées sans réponse. La guerre était pour
» lui une nécessité tellement douloureuse, qu'après avoir tout
» fait pour la prévenir honorablement, il a tout tenté pour y
» mettre fin. Ainsi, quand il a appris que le maréchal Vallée
» était remplacé et que le général Bugeaud, auteur du traité
» de la Tafna, allait lui succéder, il a vu dans cette mesure une
» improbation des actes du précédent gouverneur et un retour
» aux idées pacifiques; il a écrit de nouveau au roi, aux mi-
» nistres, et cela il y a plus de deux mois; aucune réponse n'est
» arrivée cependant.

» Voyez la position que la guerre nous a faite à tous en
» Afrique, et jugez si la paix ne serait pas mille fois préférable.
» Vous, sur la côte, vous êtes enfermés dans vos villes, obligés
» de tout faire venir par mer, et ne pouvant pas cultiver tran-
» quilles à portée de canon de vos remparts. Dans l'intérieur,
» à Médéah, à Milianah, vos garnisons, également bloquées,
» périssent misérablement par la fièvre, la dyssenterie et surtout
» l'ennui. Vous ne pouvez les alimenter que difficilement et par
» des expéditions ruineuses dont les suites encombrent vos hô-
» pitaux. Nous autres, nous ne pouvons ni vous vendre ni vous
» acheter ; et chargés de richesses stériles en troupeaux, laines,
» huiles, etc., nous manquons de café, de sucre, d'étoffes, ou
» nous les payons fort cher. Voulez-vous mettre fin à cet état
» de choses ruineux et désagréable pour tous ? *laissez-nous l'in-*
» *térieur*. Donnez-nous des ingénieurs et des ouvriers pour
» exploiter les richesses minérales dont ce pays abonde (2). Nous

(1) La lettre écrite au maréchal Vallée par Abd el Quader, datée de Médéah, 18 novembre 1839, en prouvant que l'émir lui-même se reconnaissait comme l'auteur de la
rupture du traité, fait tomber l'accusation insinuée par Hhamidah.

(2) L'émir, à qui on avait fait entendre que la question, envisagée à ce point de vue
industriel, pouvait fixer l'attention de la France, qu'il suppose uniquement préoccupée

» vous vendrons les produits bruts, vous nous les revendrez
» manufacturés.

» On nous dit que vous voulez cette année faire de grands
» efforts, que vous vous proposez d'aller à Thazah et à Teq-
» demt, et dans tous les endroits où le sulthan a des établisse-
» ments ; que vous voulez brûler les moissons. Quand vous
» aurez fait toutes ces choses, vous aurez dépensé beaucoup
» d'argent, perdu beaucoup d'hommes, et vous ne serez pas
» plus avancés, car la force du sulthan n'est pas dans quelques
» amas de pierres et dans quelques champs ; elle est dans l'af-
» fection que lui porte la majeure partie des musulmans, et
» dans son armée régulière, qui contiendra toujours le petit
» nombre de ceux qui seraient tentés de l'abandonner. Vous
» ne pouvez rien contre la première de ces choses, rien non
» plus contre la seconde, car s'il plaît au sulthan de ne pas la
» hasarder dans les combats, vous n'êtes pas assez agiles pour
» les atteindre (1). »

» On voit dans ce long plaidoyer ressortir l'idée dominante
d'Abd el Qader, *qu'il est souverain de ce pays*, et qu'il ne nous
abandonne les côtes que comme une sorte de concession imposée par les circonstances, concession qu'il justifie aux yeux de
ses coréligionnaires par un exemple emprunté à l'histoire de la
conquête arabe, lorsque les compagnons d'Oqbah, maîtres de
tout l'intérieur, firent avec l'empereur chrétien de Constanti-
nople un traité par lequel celui-ci conserverait les villes maritimes.

» Le 5 avril, on nous apprit qu'une affaire avait eu lieu du
côté de Médéah, et que les Arabes avaient perdu un aga, un
bache-chouche, un ciyef ou capitaine, et qu'on leur avait pris
un *kebir el kheba*. Ce dernier était précisément celui qui commandait le poste d'honneur qu'on nous avait donné à notre
arrivée à Zarour.

---

d'intérêts mercantiles, l'émir fit adresser à l'évêque, par M. Alquier Cazes, minéralo-
giste assez distingué, qui est devenu musulman sous le nom d'Abd el Qader, une
longue lettre où les arguments que nous venons de produire sont développés et ap-
puyés de faits.

(1) Ce plan de campagne a été en effet suivi par l'émir.

» Dans l'après-midi, nous vîmes arriver des troupes d'Arabes et de Qobaïles qui vinrent bivouaquer en face de notre camp, de l'autre côté du Chélif, dans un lieu qu'on appelle *Souq el Tselats Mtâ el Qontrah*, marché du mardi du pont. En attendant l'ouverture du marché, un grand nombre de ces indigènes vint encombrer notre camp, où quelques-uns passèrent la nuit d'une façon assez bruyante.

» Le 6, de bonne heure, l'emplacement du marché était couvert de plusieurs milliers de personnes qui vendaient et achetaient. Des chevaux passables furent livrés au prix de 60 à 80 fr.; un bœuf ordinaire coûtait 20 fr., un mouton 3 fr. Il y avait là de petites boutiques remplies d'étoffes grossières de fabrique anglaise; car depuis onze ans que nous sommes en Algérie, nos industriels n'ont pas eu l'idée de confectionner des produits selon le goût des indigènes. Ce sont donc les Anglais qui approvisionnent en ce genre un peuple qui est sous notre domination, et ceci n'a pas lieu seulement depuis la reprise des hostilités, il en était de même au temps de la paix.

» On vendait beaucoup de tabac en feuilles d'une assez bonne qualité, d'excellentes oranges (vingt-cinq pour un mouzounat ou un sol et demi), des armes, etc.

» Avant l'ouverture du marché, Hhamidah vint mystérieuse-ment nous consulter l'un après l'autre et nous supplia de lui dire si nous pensions qu'un traité dût être conclu; car, disait-il, s'il était sûr que la guerre fût près de finir, il emploierait tout son argent à acheter des bœufs qu'il revendrait ensuite avec un bénéfice énorme. Sans nous être concertés, et poussés tous les quatre par le désir de nous venger du mauvais tour de cet individu, nous lui fîmes une réponse évasive, mais qui cependant pouvait lui faire croire que la paix n'était pas éloi-gnée. Sur cette vague assurance il s'empressa de faire ses en-plettes; et plus tard, quand il vit que nous nous étions moqués de lui, il nous reprocha amèrement de lui avoir fait faire une mauvaise spéculation.

» Nous apprîmes que le sulthan était à *Wed el Fodhdhah* (la rivière d'argent), un des affluents du Chélif, à une journée de marche et à l'ouest du pont. On nous assura qu'il rassemblait beaucoup de monde afin de prendre une revanche éclatante de l'affaire récente du bois des Oliviers. On verra plus tard que ce n'étaient pas là les intentions de l'émir, et qu'il avait adopté un plan de campagne qui excluait toute idée de ce genre. Comme on supposait que le lieu où nous nous trouvions allait devenir le théâtre de la guerre, on nous avertit que nous allions être probablement dirigés dans l'intérieur, perspective qui ne nous déplut pas, car nous étions mortellement ennuyés de notre séjour prolongé au camp du Chélif. Et cependant nous avions tous les jours concert à notre bivouac ! Comme nous étions assez près de la tente de El Hhadje Ahmed Khodjah, qui pour le moment représentait le bey, nous jouissions matin et soir de la musique indigène (1), c'est-à-dire du charivari le plus assourdissant qu'il soit possible d'imaginer. Cet orchestre ambulant se composait d'un *bache zornadji* ou premier hautbois qui faisait fonction de chef de musique, de deux *zornadjia*, d'un *narhalji* (timballier) et de deux *tobbeline* ou grosses caisses. Pendant une heure environ que durait chaque séance, ils jouaient sans cesse le même thème, qui contenait quatre ou cinq mesures au plus. Ce morceau, d'une monotonie mélancolique, rappelait assez les airs de nos montagnards de l'Auvergne.

» Le 7, dans la matinée, une nombreuse cavalerie parut sur les crêtes des petits mamelons qui ferment la vallée du Chélif auprès du pont. Cette troupe, qui était accompagnée d'un assez grand nombre de fantassins réguliers, défila lentement pendant plus d'une heure, et vint camper auprès de nous sous des magasins qu'on appelle *arib*. Abd el Qader était avec eux, et on nous montra de loin la très-petite tente où il descendit. Nous estimâmes à près de trois mille hommes les troupes qu'il amenait avec lui. On nous dit que très-incessamment il serait re-

---

(1) Il n'y a qu'Abd el Qader et ses khalifah qui puissent avoir une musique. C'est chez les musulmans un signe de souveraineté ou du moins de pouvoir très-élevé.

joint par un nombre de combattants encore plus considérable.

» Ceux d'entre nous qui n'avaient pas encore vu l'émir, et tous, sauf l'auteur de cette notice (1), étaient dans ce cas, se réjouirent beaucoup de l'arrivée du sulthan. D'ailleurs, outre un sentiment de curiosité bien naturel à l'égard d'un homme que son propre génie non moins qu'un concours de circonstances heureuses ont mis en évidence, il y avait le désir commun à tous de sortir de la position ennuyeuse où nous nous trouvions. Une heure environ après l'arrivée d'Abd el Qader, Hhamidah vint nous dire de faire seller nos chevaux, et que nous allions être reçus par l'émir ; comme il savait que nous étions porteurs d'une lettre de l'évêque pour le sulthan, il nous demanda de lui remettre cette pièce, dont la lecture devait précéder notre admission. Nous attendions impatiemment le moment d'obtenir l'audience qui nous était promise, lorsque notre intendant vint nous dire qu'Abd el Qader se trouvait un peu incommodé et ne pouvait nous recevoir. Nous comprîmes que cette indisposition n'était qu'un prétexte qui cachait une cause qu'on ne voulait pas nous faire connaître. Nous ne tardâmes pas, du reste, à savoir à quoi nous en tenir à cet égard. Une visite de Miloud ben Hharrache, précédée de quelques confidences du sieur Hhamidad, nous mirent complétement au fait.

» Malgré l'impassibilité physionomique inhérente aux diplomates, le visage de Miloud ben Hharrache laissait percer un mécontentement qu'il dissimulait avec peine ; aussi après l'échange réciproque des compliments d'usage, Hhamidah ayant imaginé de dire à cet aga que nous *étions venus pour lui expliquer les causes de la rupture*, il s'écria que la lettre remise au sulthan ne parlait que de l'affaire des prisonniers, que nous ne pouvions parler que là-dessus, et que lui ne pouvait nous écouter sur autre chose. La vérité est que nous n'avions nullement chargé

<hr>

(1) M. Berbrugger avait visité le camp de l'émir à Wannourhah, en décembre 1837 et janvier 1838 ; il a publié dans la *Revue des Deux Mondes* le récit de ce voyage (N° du 15 août 1838). En avril 1839, ce récit, corrigé et augmenté, parut de nouveau sous la forme d'une brochure in-8°, imprimée à Toulon.

notre intendant de rien de semblable; et nous nous empressâmes d'informer l'irascible Miloud de cet état réel de la question. La conversation que nous avions eue précédemment avec Hhamidah sur ce sujet, conversation rapportée plus haut, n'avait aucun caractère officiel, ainsi que nous avions pris soin alors de le lui faire remarquer. Le reste de l'entretien avec Miloud se ressentit de ce fâcheux début, qui était le fait de la malveillance de notre majordome, bien plus que de sa maladresse. Lorsque nous eûmes rectifié son étrange assertion, Ben Harrache nous dit après quelques phrases aigres-douces, que, puisque d'après la lettre remise au sulthan, il n'était question entre l'évêque et son maître que d'un échange de prisonniers, négociation qui devait se traiter entre le bey de Milianah et les envoyés de monseigneur, nous irions vers le bey pour régler avec lui les conditions de l'échange. Il nous insinua même qu'on était surpris que n'ayant pas d'autre affaire à traiter que celle-là, nous eussions demandé à venir jusqu'à Abd el Qader. Nous lui répondîmes que le départ précipité de Cid Mohammed ne nous avait pas permis de conclure avec lui, et que si nous étions venus jusqu'au pont du Chélif, et si nous y avions attendu l'émir, c'était parce que le bey lui-même nous avait dit qu'ayant une lettre pour Abd el Qader nous devions aller la lui remettre.

» Lorsque Miloud nous eut quittés, Hhamidah se chargea de suppléer aux réticences du diplomate en chef, et nous sûmes enfin les causes du mécontentement d'Abd el Qader, causes que nous avions déjà soupçonnées pour la plupart. D'abord la lecture de la lettre destinée à l'émir avait fait évanouir les espérances entretenues jusque-là, que nous venions surtout pour traiter de la paix ; car, malgré nos protestations à cet égard, on n'avait cessé de croire que c'était le vrai but de notre mission. Dans cette lettre, écrite avec beaucoup de dignité et de vigueur, l'évêque, qui ne donnait à Abd el Qader que le titre d'émir, rapportait les paroles dites par le général Bugeaud en remettant les prisonniers arabes à sa disposition. Or, voici quel était à peu près le sens de ces paroles : « Je vous remets nos prisonniers pour que yous accomplissiez votre œuvre d'humanité ; *mais j'entends rester complétement étranger* à tout ce qui pourra se faire relativement à l'échange. »

» Enfin, outre ces deux circonstances et celles que nous avons déjà rapportées, il se trouva que la lettre en question était écrite de la main de M. Roche, ancien secrétaire d'Abd el Qader et actuellement interprète du gouverneur. Il n'y avait certes là aucune préméditation, et ce fait était le résultat d'un pur hasard ; mais dans la disposition d'esprit où était l'émir, il y vit une intention d'offense. Il était impossible, après ce concours malheureux de contre-temps, de songer à voir Abd el Qader ; d'ailleurs, d'après le contenu de la missive que nous lui avions fait parvenir, une entrevue était inutile et ne pouvait servir qu'à gratifier notre curiosité personnelle. Nous renonçâmes donc dès lors à toute démarche à cet égard, et nous abstînmes même de rien dire qui pût faire soupçonner que nous désirions une audience.

» Mais lorsque nos hôtes furent revenus de la première impression désagréable que leur avait causée le renversement de leurs illusions pacifiques, ils imaginèrent que tout espoir n'était peut-être pas perdu, et que si nous n'étions pas autorisés à traiter de la paix d'une manière ouverte et régulière, nous étions peut-être chargés de les sonder à cet égard et de les amener à faire les premiers pas. En conséquence le sieur Hhamidah, l'intermédiaire obligé, vint nous dire de ne pas nous chagriner de la mauvaise humeur de Miloud et surtout de ce que le sulthan ne nous avait pas reçus. « Le sulthan, ajouta-t-il, a la » tête dure, mais j'espère en venir à bout, et vous faire admettre » en sa présence. » Nous le remerciâmes ironiquement de ses bonnes intentions, mais nous l'engageâmes à s'abstenir de faire aucune démarche à cet égard ; car puisque, d'après la lettre, nous n'avions pas d'affaire à traiter avec l'émir, il n'était effectivement pas nécessaire que nous le vissions ; que, sans doute, étant venus si près de lui, il nous aurait été agréable dans le principe d'être admis en sa présence ; mais que cette admission, affaire de simple politesse, ayant été l'objet de difficultés, nous y renoncions tout à fait, et exigions même qu'aucune tentative ne serait faite en notre nom pour l'obtenir.

» La franchise est une chose que les Arabes comprennent si peu, que Cid Hhamidah crut, malgré cette déclaration péremptoire, que nous tenions.à voir Abd el Qader et que nous avions des raisons d'affaire pour y tenir.

» Pendant toute cette journée du 7 et la suivante, il ne cessa d'aller de la tente du sulthan à celle de Miloud, et de celle de Miloud à celle du khodjah, revenant de temps en temps à la nôtre et faisant chaque fois des tentatives pour savoir si nous avions en effet dit notre dernier mot. Outre ce personnage subalterne, on nous détacha dans la soirée du 7, El Hadje Ahhmed ben Mohhammed Chérif, secrétaire du bey de Milianah. Ce fonctionnaire resta pendant deux heures avec nous ; mais, fatigué de voir que nous ne sortions pas de la réserve que nous nous étions imposée sur l'affaire qui leur tenait tant au cœur, il se rabattit sur des questions d'histoire ancienne du pays et sur les événements actuels de l'Égypte. Nous le suivîmes volontiers sur ce terrain et satisfîmes complétement sa curiosité. Nous profitâmes même de cette occasion pour le dissuader de l'opinion où il était que la France avait joué un rôle peu digne dans cette affaire, car il connaissait en gros ce qui venait de se passer en Syrie et à Alexandrie.

» Enfin, dans la journée du 8 avril, Abd el Qader, bien convaincu que nous n'étions en effet venus que pour l'échange, nous fit savoir que nous partirions le lendemain et que nous irions trouver le bey de Milianah à *Zaïnsboudje el Azarah*, entre Médéah et le Teniah de Mouzaya ; il chargea Miloud ben Hharrache de nous donner notre audience de congé. Hhamidah, qui vint nous annoncer ces nouvelles, s'empressa de mettre à profit le peu de temps que nous avions à passer au camp du Chélif. Outre quelques cadeaux immédiats qu'il nous arracha par ses importunités, il nous chargea d'en demander pour lui à l'évêque. Afin de nous débarrasser de ses demandes incessantes, nous dressâmes la liste de ce qu'il voulait avoir ; cette liste était fort longue et le total très-élevé, ce qui n'empêchait pas notre intendant d'y ajouter quelques articles à tout moment, et lorsque nous le quittâmes, le lendemain, il nous pria encore, en nous faisant ses adieux, d'ajouter, en manière de post-scriptum, des objets fort coûteux auxquels il n'avait pas songé d'abord. Nous en prîmes note avec une complaisance empressée qui aurait dû lui sembler suspecte, car, tout en écrivant, nous ne pouvions nous empêcher de rire de la cupidité aveugle de cet individu, qui, sachant combien nous avions peu sujet de nous louer de lui, se figurait cependant que nous allions lui faire avoir des cadeaux plus nombreux et plus riches que ceux qui avaient été demandés et promis pour Abd el Qader lui-même. Nous lui aurions plutôt fait avoir (qu'on pardonne à l'influence locale ce souhait peu charitable) quelques-uns des nombreux coups de bâton que les chaouche de l'émir distribuaient chaque jour à des misérables qui l'avaient certes moins mérité que le sieur Hhamidah.

» Notre deuxième et dernière entrevue avec Miloud ben Hharrache devait avoir lieu à l'*âssour* (prière qui se fait vers trois heures et demie de l'après-midi) dans la tente du khazna-dar, laquelle se trouvait en face de la nôtre à une quarantaine de pas. Au moment où nous nous disposions à aller au rendez-vous, nous vîmes arriver deux mules chargées de fusils français que l'on déposa devant le bivouac du khaznadar. Le bruit se répandit aussitôt dans le camp que ces fusils avaient été pris à Staouéli, lors de l'attaque du troupeau de la ferme Caron (1) par les Hhadjouths, commandés par Ben Djelali, ce chaouche qui nous avait conduits à Zarour.

» Nos rapports précédents avec Miloud ben Hharrache ne nous avaient pas donné une haute idée de la politesse de ce diplomate, dont les manières rudes et le langage inconvenant

____

(1) Nous insistons sur les détails de ce fait, parce que la malveillance l'a étrangement défiguré dans les journaux.

contrastaient d'une façon si remarquable avec l'aménité des autres chefs. Cependant nous ne le croyions pas capable d'un acte aussi stupidement grossier que celui dont il se rendit coupable à notre égard. En approchant de la tente où il nous avait donné rendez-vous, nous trouvâmes que, par les soins de notre digne hôte, on avait placé à l'entrée même de cette tente les fusils enlevés à nos compatriotes, de sorte qu'il nous fallut faire un détour pour ne pas marcher dessus ! La conversation que nous eûmes avec Miloud se ressentit de cet incident : nous ne laissâmes pas échapper une occasion de lui faire sentir, avec tous les ménagèments que notre position exigeait, que nous comprenions ses intentions d'insulte, et que nous en faisions le cas qu'elles méritaient. Nous rapporterons un seul exemple des paroles agréables qui s'échangèrent dans cette occasion. Miloud ayant parlé des nombreux prisonniers que les Arabes faisaient sur les Français, nous lui fîmes observer que cet avantage, si c'en était un, pouvait être invoqué par nous, et que la preuve en était dans l'affaire même qui nous amenait chez eux. « Les » Français n'en ont jamais pris un dans la contrée que je com- » mande ! » s'écria notre interlocuteur d'un ton superbe. — « Sans doute, lui répondîmes-nous, mais c'est uniquement » parce que jusqu'à présent il ne leur a pas convenu d'y aller.» Cette entrevue terminée, nous retournâmes à notre bivouac pour nous occuper des préparatifs du départ, qui, nous disait-on, était fixé au lendemain.

» La matinée du 9 avril commençait sous des auspices assez peu rassurants pour des gens qui vont entreprendre un long voyage. Des nuages sombres couronnaient la cime des montagnes qui bordent la vallée, et quelques-uns couraient même le long de leurs flancs rugueux. Cependant nous avions un tel désir de sortir de notre ennuyeux cantonnement, que nous éprouvâmes une vive satisfaction en voyant arriver le chaouche qui devait nous servir de guide et de sauvegarde. Sans donc nous inquiéter de la pluie qui nous menaçait, nous sautâmes en selle et prîmes le chemin du bois des Oliviers, où se trouvait

Mohhammed ben Hamlân (1), qui devait signer le cartel d'échange.

» Au moment où nous nous éloignions, Ali, notre cuisinier, vint, les yeux mouillés de larmes, nous faire ses adieux. Il nous supplia d'intéresser l'évêque en sa faveur, et de tâcher de le tirer de la triste position où son acte d'imprudence l'avait placé. Mais nous n'avions à nous occuper que des prisonniers, et nous ne pouvions rien pour les déserteurs; quoiqu'il nous en coûtât d'enlever tout espoir à ce pauvre diable, dont la sensibilité et le repentir nous intéressaient, nous ne lui cachâmes pas la vérité.

» En cheminant dans la vallée du Chélif nous traversâmes plusieurs camps d'infanterie irrégulière qui pouvaient bien en tout renfermer trois à quatre mille hommes. Nous arrivâmes de bonne heure en vue de Milianah, dont les blanches maisons resplendissaient alors, grâce à quelques rayons de soleil arrivés jusqu'au mont Zakar par une faible éclaircie qui s'était produite momentanément entre les nuages. A cet endroit nous rencontrâmes les coureurs de l'armée du bey de Milianah qui revenait prendre ses cantonnements à Zarour, les Français étant rentrés la veille à Blidah. Le chaouche qui nous servait de guide nous fit faire halte pour attendre l'arrivée de Cid Mohhammed. Nous mîmes pied à terre, et comme il nous sembla qu'on pouvait nous apercevoir de Milianah, nous ôtâmes nos beurnous afin d'être mieux vus. Nous avons su depuis qu'en effet la garnison de Milianah, dont l'attention était excitée par la multitude de cavaliers et de fantassins qui passaient au-dessous d'eux dans la vallée, avait remarqué au milieu de cette foule d'Arabes un groupe isolé d'Européens, et que cette circonstance les avait singulièrement intrigués.

» Nous étions arrêtés depuis quelques minutes à peine lorsque la cavalerie du bey arriva à notre hauteur. Les cavaliers poussèrent de grands cris en nous apercevant, et quelques coups de fusil furent même tirés dans notre direction, à en juger du

(1) Fautivement nommé dans les relations Ben Allal; son véritable nom, *Ben Hamlân* est celui qui est inscrit sur son cachet, que nous donnons ci-après. (J. J. M.)

moins par le sifflement des balles, que nous entendions très-distinctement. Nous avions d'autant plus de raison de penser que ces décharges étaient à notre adresse, qu'en même temps nous vîmes les chefs parcourir les rangs, distribuer des coups de bâton, et qu'enfin on fit faire demi-tour à cette cavalerie, qui, se trouvant nous tourner le dos, ne pouvait plus, sous prétexte de décharger les armes, nous envoyer de dangereuses salves.

Ces hommes venaient de combattre les Français; ils avaient éprouvé un échec et perdu bon nombre de leurs camarades; nous attribuâmes à ces causes assez naturelles d'irritation la démonstration hostile par laquelle ils débutèrent à notre égard. Lorsque le tumulte eut cessé et que le bey fut arrivé jusqu'à nous, ses troupes exécutèrent une magnifique *fantasia* où leur adresse, la beauté et la vigueur de leurs chevaux, parurent avec avantage. Couchés mollement sur un tapis qu'on avait étendu pour nous sur le bord de la berge élevée du Chélif, nous admirions moins les manœuvres brillantes et rapides de la cavalerie de Mohhammed ben Hamlân que la promptitude avec laquelle s'était dissipée la colère que notre présence inopinée avait causée à ces gens. Les décharges de coups de fusil sont un accessoire obligé de la fantasia arabe; aussi de nombreux cavaliers venaient-ils tirer souvent très-près de nous, mais aucune balle hostile ne résonna cette fois à nos oreilles, et la solennité se termina très-pacifiquement.

» Pendant la durée de cette petite fête militaire, le tonnerre grondait au loin dans la montagne; les nuages, devenus de plus en plus sombres, ne laissaient pas apercevoir la plus petite partie de l'azur du ciel; et de larges gouttes d'eau commençaient déjà à tomber, lorsque nous nous occupâmes avec le bey de conclure le cartel d'échange. Nous débattîmes les conditions de vive voix; et à mesure qu'elles étaient arrêtées, deux secrétaires les écrivaient en double. Comme Miloud ben Hharrache nous avait dit que l'émir voulait que les prisonniers fussent rendus tête pour tête, nous insistâmes afin d'éclaircir ce point important. Mohhammed ben Hamlân nous dit que l'échange aurait lieu en bloc et sans compter, ainsi que le désirait l'évêque. Cependant, soit par une précaution diplomatique, soit par erreur, nous nous aperçûmes plus tard que le secrétaire avait écrit بالحساب *bil hhessâb* (en comptant) au lieu de بلا حساب *belâ hhessâb* (sans compter). La ressemblance phonique de ces deux locutions fut peut-être l'unique cause de la méprise. Quoi qu'il en soit, les Arabes se gardèrent bien de s'en prévaloir le jour de l'échange, car alors nous avions plus de prisonniers qu'eux.

» Lorsque tout fut conclu et écrit, l'orage qui nous menaçait depuis longtemps éclatait avec violence, et il fallut le secours de trois beurnous, tenus autour du secrétaire qui apposait le cachet (1), pour maintenir la bougie allumée, et permettre à ce fonctionnaire d'appliquer le sceau en cire sur l'enveloppe de l'expédition qui nous était destinée. Cet incident atmosphérique abrégea beaucoup la cérémonie des adieux, et chacun se hâta de remonter à cheval, le bey et sa troupe se dirigeant vers le camp d'Abd el Qader, tandis que nous gagnions le col du Gontas.

» Notre chaouche montait une jument blanche dont le pas était si allongé que nos chevaux devaient trotter constamment pour la suivre. Jusqu'au dessous du tombeau de la Chrétienne, où nous allâmes coucher, il nous fallut cheminer à cette allure avec la pluie sur des terrains glaiseux et abruptes ; et c'est à peine si nous obtînmes de notre guide qu'il nous permît de nous arrêter pendant quelques minutes, d'abord pour acheter quelques figues sèches, et une autre fois pour faire boire nos montures. La nuit nous surprit au commencement du défilé du Wed Djer, et ce que nous avons dit de cet endroit peut faire comprendre combien il est difficile de le traverser dans les ténèbres. Arrivés dans la partie qui avoisine la plaine, nous fûmes très-surpris de voir de tous côtés, dans le plus épais des broussailles, les feux des familles hhadjouthes qui s'étaient réfugiées dans ces lieux difficiles à l'approche des Français et qui n'avaient

(1) On trouvera ce cachet avec sa traduction à la fin de l'article, page 59.

pas encore repris leurs anciens cantonnements. Le chaouche nous engagea prudemment à ne pas laisser pendre nos sabres, qui battaient contre l'étrier, de peur que les Arabes placés en vedette ne nous prissent à ce bruit pour des chasseurs d'Afrique et ne nous envoyassent une décharge en manière de qui vive?

» Il était près de minuit lorsque nous arrivâmes dans la tribu des Hhadjouths. On se hâta de nous préparer une tente, et, ce qui nous intéressait peut-être davantage, un souper; car, sauf les quelques figues sèches que notre guide avait bien voulu nous laisser acheter, nous n'avions rien mangé depuis la veille. En attendant que le repas fût préparé, nous demandâmes l'autorisation d'entrer dans un café où brûlait un énorme tronc d'olivier, dont la flamme pétillante nous faisait espérer de pouvoir sécher promptement nos habits imbibés de l'eau du ciel et de celle du Wed Djer, qu'il nous avait fallu passer à l'aveugle, au moins dix fois sur quatorze. On fit quelques difficultés pour nous permettre de pénétrer dans cette espèce de sanctuaire, et lorsque enfin il nous fut accordé d'y entrer, un indigène nous précéda et dit à haute voix: *Le chrétien sait l'arabe.* A cet avertissement, dont on saura bientôt le motif, les bruyantes conversations particulières qui étaient engagées cessèrent tout à coup.

» Il y a aussi loin d'un café chez les Hhadjouths à un café maure des environs d'Alger, qu'il y a loin de ces derniers établissements à ceux de notre pays. Qu'on se figure une méchante cabane dont la moitié au moins est sous terre, dont la charpente se compose de branches d'arbres qui ont conservé toute leur irrégularité naturelle de formes, et dont les intervalles sont remplis avec une espèce de torchis; qu'on donne par la pensée à ce chétif édifice un toit en paille: on aura l'idée la plus complète du café dans lequel nous avions eu tant de peine à être admis. Le silence que notre arrivée avait causé ne tarda pas à faire place à des conversations à voix basse, qui peu à peu reprirent leur diapason primitif. Ces messieurs parlaient de leurs expéditions passées, de celles qu'ils méditaient, de l'asile qu'ils recevaient chez certains Maures du Sahhel et même de la banlieue d'Alger ; car sans cette connivence ils n'auraient jamais pu commettre les vols effrontés , les meurtres audacieux qui avaient rendu cette tribu la terreur de la population européenne. Après avoir recueilli un certain nombre de ces confidences involontaires, nous comprîmes parfaitement pourquoi on avait eu tant de répugnance à nous laisser pénétrer dans cette véritable caverne de voleurs.

» Le lendemain, 10 avril, nous nous mîmes en route de bonne heure, et vers midi nous étions arrivés à Boufariq. Les deux Arabes qui nous avaient accompagnés s'arrêtèrent à portée de canon de la place, craignant, disaient-ils, que les artilleurs, à la vue de leurs beurnous, ne s'empressassent de leur envoyer quelques projectiles. Ils nous promirent cependant de veiller sur nous et de nous suivre à distance jusqu'à Donera, de peur qu'il ne nous arrivât quelque fàcheuse aventure. Nous nous aperçûmes, au-dessus de Oulad Mendil, que la protection de nos guides pouvait nous être encore utile, car nous vîmes, sur les crêtes qui sont à droite de la route, des Arabes en observation. Krimô nous assura que c'étaient des gens de Ben Salem.

» Enfin, dans la soirée de ce jour nous étions sains et saufs à Alger, où nous nous empressâmes de rendre compte de notre mission au gouverneur général et à l'évêque.

» Le jour fixé pour la remise réciproque des captifs était le 25 avril ; mais le bey ayant écrit que les prisonniers français, disséminés à de grandes distances, ne pouvaient être réunis à cette époque, l'échange fut retardé. On avait même perdu tout espoir qu'il pût s'effectuer, à cause des opérations militaires qui se faisaient alors dans la province, quand, le dimanche 16 mai, monseigneur l'évêque d'Alger reçut par deux Hhadjouths une lettre du bey de Milianah. Ce chef lui annonçait que l'échange des prisonniers se ferait le mardi suivant, à une heure de l'après-midi, à la ferme de Mouzaya. Le lendemain, de bonne heure, ce digne prélat se mit en route avec la colonne des prisonniers musulmans, qui étaient au nombre d'environ cent cinquante. En arrivant à Boufariq, on apprit que l'expédition de Thazah ayant commencé plus tôt qu'on ne l'avait pensé, l'échange ne pouvait avoir lieu à l'endroit désigné. Le 18, MM. Berbrugger, l'abbé Suchet, de Franclieu et Toustain se rendirent auprès du bey de Milianah, qu'ils trouvèrent dans le bois des Kharezas; ils amenaient avec eux un officier des bataillons réguliers d'Abd el Qader, que Monseigneur avait fait remettre en liberté immédiate. Cid Mohhammed ben Hamlân, pour reconnaître cette attention, rendit, de son côté, le sous-intendant militaire Massot, qui revint le soir même à Boufariq. Le lendemain, 19, suivant les conventions arrêtées la veille avec le bey, l'échange eut lieu en avant de Boufariq, entre cette place et l'ancien blokhaus de Sidi-Khl'lifah. Pendant que cette opération s'accomplissait, MM. Berbrugger et de Franclieu demeuraient en otage au milieu de plusieurs centaines de cavaliers hhadjouths qui se tenaient en observation à un peu plus d'une demi-lieue en arrière du terrain de l'échange.

» Lorsque le bey, qui était à la tête d'une cinquantaine de cavaliers, aperçut Monseigneur, il descendit de cheval, marcha à sa rencontre, et le prit par les mains, qu'il tint longtemps serrées dans les siennes. Tous deux montèrent ensuite dans la voiture qui avait amené Monseigneur, et ils y restèrent près de deux heures à causer avec beaucoup d'effusion. Dans le moment où la conversation était le plus animée, un coup de fusil se fit entendre à peu de distance des deux interlocuteurs. C'était le qaïd des Hhadjouths qui venait de tuer une perdrix qu'il s'empressa d'offrir à Monseigneur. Cet incident causa une certaine agitation dans le corps nombreux de Hhadjouths qui étaient restés en arrière, et qui ne surent pas sur-le-champ quelle en était la cause.

Lorsque l'échange fut accompli, la colonne des prisonniers français, forte de cent vingt-huit individus, se mit en route pour Boufariq, partie à pied et partie dans douze voitures précédées par le carrosse de Monseigneur. En tête du cortége marchaient le commissaire civil de Boufariq, les quatre délégués qui avaient négocié les conditions de l'échange, et M. le sous-intendant mi-

Imp. d'Auguste Bry, rue du Bac 134

litaire Massot. Les prisonniers chantaient une chanson composée à Teqdemt, par l'un d'eux, lorsqu'il avait été question, la première fois, de les échanger, et qui avait trait à leurs souffrances passées ainsi qu'à leur joie présente. Il est impossible de peindre avec exactitude l'effet produit par l'arrivée de ces captifs et les scènes attendrissantes qui eurent lieu à chaque village que la colonne eut à traverser le lendemain. Il suffit de dire qu'elles arrachèrent des larmes, même aux cavaliers Hhadjouths qui accompagnaient Monseigneur.

» Le 20, un *Te Deum* et un *De profundis* (celui-ci pour les prisonniers morts à Teqdemt) furent chantés dans l'église de Boufariq, en présence des autorités civiles et militaires ; et après une allocution touchante de Monseigneur, le convoi se mit en route pour Alger, où il arriva dans l'après-midi du même jour. »

CACHET DE MOHHAMMED BEN HAMLAN.

LÉGENDE.

الواثق بذى الجلال محمد بن حملان عبده سنة ١٢٥٦

TRADUCTION DE LA LÉGENDE.

« Celui qui met sa confiance dans le possesseur de la gloire (1), Mohhammed, fils de Hamlân, son serviteur (2) ; l'an 1256 de l'hégire (3). »

J. J. MARCEL,
Membre de l'Institut d'Égypte, des Sociétés Asiatiques de
Paris et de Calcutta ; ancien professeur suppléant des
langues orientales au Collége royal de France, etc.

(1) C'est-à-dire, *en Dieu.*
(2) C'est-à-dire, *serviteur de Dieu.*
(3) L'an 1256 de l'hégire a commencé le jeudi 5 mars de l'an 1840 de notre ère.

FIN.

BIBLIOTHEQUE ROYALE
I